KB092947

나도 이 나이는 처음이라

AGING for Beginners

나도 이 나이는 처음이라

에즈라 베이다
엘리자베스 해밀턴 지음

추미란 옮김

담앤북스

세상의 모든 굶주리고 고통받는 이들이
언젠가 만족스러운 노년을 보내길 바라며

서문

내 영적 추구는 스무 살 때 시작되었다. 나는 나중에 내가 "존재의 불안한 떨림the anxious quiver of being"이라고 부르게 될, 계속되는 불안과 혼란을 이해하고 싶었다. 처음에는 주로 읽고 쓰면서 다소 지적인 이해를 추구했는데, 불안을 없애는 데는 거의 도움이 되지 않았다. 그러다 스물여섯 살이 된 1970년부터 매일 명상을 하기 시작했다. 자기 발견의 길에 절도 있게 접근하는 진지한 첫걸음을 뗀 것이다. 나는 진정한 의미의 초심자였다. 내 목표에 더할 수 없이 진심이었고 무엇이든 편견 없이 호기심을 가지고 배웠다. 그렇게 수행한 지 이제 48년이 넘었고 나는 많은 것을 배우고 경험했다. 그런데 나는 지금 또다시 초심자가 된 나를 본다. 나이가 들면서 무엇보다 쇠약해지는 몸에 직면하고는 여전히 배울 것이 많음을 깨달았다. 사실 나이 듦에 관해서라면 누구나 초심자이다.

몇 년 전 신장암 진단을 받았을 때 이 책을 써야겠다고 다짐했다. 하지만 생각이 좀 더 정리될 때까지 기다려야 했다. 노화의 과정에 들어간 초심자였으므로 아직은 시야가 넓지 못해 내 글이 사람들에게 그다지 도움이 되지 않을 거라 생각했다. 이 점에 대해 내 친구이자 편집자인 조쉬 바르톡Josh Bartok과 이야기를 나누었는데, 조쉬가 내가 잊고 있던 것을 상기시켰다. 내가 가진 어려움을 단지 소통하는 것만으로도 나와 유사한 어려움에 처한 사람들에게 도움이 될 거라는 사실 말이다. 그래서 때로 좌절할 수밖에 없었던 내 경험을 있는 그대로 바라보고 극복하는 과정을 글로 쓰기 시작했다. 덕분에 나의 문제를 더 분명히 마주하게 되었다. 다른 사람들도 내 글을 읽고 자신의 문제를 더 분명히 마주하기를 바란다. 글쓰기는 그동안 미처 알아보지 못한 일부 관점들을 발견하는 데에도 도움이 되었다. 하지만 무엇보다 글을 쓰면서 다양한 명상법과 기술을 반복 연습하며 완수할 수 있어서 나에게는 참으로 소중한 경험이었다.

최근 몇 년 동안 나이 듦에 대한 글이 심심찮게 보인다. 미국에서 65세 이상의 노년층이 인구의 15%라는 역사적인 최고치를 달성했으니 놀랄 일은 아니다. 하지만 우리가 딱 65세부터 늙기 시작하는 것은 아니다. 늙음은 사실 인식하기에 따라 크게 달라지는 개념이다. 스무 살일 때는 서른 살이 칠순처럼 다가올 수 있다. 마흔 살에는 예순다섯 살이 된다고 생각하면 인생이 끝장난 것처럼 느껴질 수 있다. 그리고 예순다섯 혹은 일흔 살이 되어도 내면은 여전히 사십 대 같을 수 있다. 핵심은, 살면서 우리는 언제나 "늙었다"고 느낄 수 있다는 것이다. 예를 들어 심각한 병에 걸리거나 사고를 당해 움직일 수 없을 때 혹은 가까운 사람이 영원히 떠났을 때, 최소한 일시적으로나마 우리는 영원한 건 없음을 깨닫는다. 그리고 만성 통증과 함께 살아가는 사람이라면 나이에 상관없이 매일 아침 또 하루를 견뎌야 한다는 부담을 가지고 눈을 뜰 것이다.

인간의 삶은 "기저귀에서 시작해 기저귀로 끝난다"라고들 말한다. "늙어가는 것은 겁쟁이라면 할 짓이 못 된다"라고 신랄하게 말하기도 한다. 필립 로스Philip Roth(미국의 유대계 작가. 현대 영미 문학의 전설이며, 작가들의 작가로 평가받는다 ― 역자 주)는 심지어 더 단호하게 "노년은 전쟁터가 아니라 대학살장이다"라고 했다. 이런 말들은 해학적이기도 하지만 나이 듦이 도저히 헤쳐나갈 수 없는 경험이 될 수도 있음을 경고한다. 육십 대, 칠십 대, 그 이상이 되면 혈기 왕성하게 살기가 불가능하다고 말하는 것이 아니다. 당연히 우리는 나이 들어도 여전히 행복하고 의미 있는 삶을 살 수 있다. "할 수 있다" 자세를 증진하는 글도 많다. 건강 유지, 활발한 사회 활동, 적극적인 생활 방식을 강조하면서 말이다. 이 모든 것이 정말 도움이 된다. 하지만 우리는 이 모든 것들이 불가능할 때도 있음을, 그리고 아무리 노력해도 안 되는 일도 있음을 알아야 한다. 나이 듦은 살면서 그 어떤 것으로도 미리 준비할 수 없는 어려움을 준다. 그것이 현실이다.

이 책은 운동, 사회적 교류, 의미 있는 활동으로 해결할 수 없는, 나이 듦이 주는 어려움에 대해 말할 것이다. 더욱이 "할 수 있다" 자세가 역효과를 낼 때도 있다. 바꿀 수 없는 것을 바꾸려 애쓰는 것은 좋지 않다. 육체적 힘과 능력의 상실, 친구들의 죽음, 우리도 언젠가 죽는다는 객관적인 사실들 말이다. 하지만 이런 객관적인 어려움을 새로운 방식으로 줄이는 법을 배우는 것은 가능하고 또 배울 만한 가치도 있다.

"무엇이 나이 들어가는 우리를 이토록 힘들게 하는가?"

나는 이 질문으로 책을 시작해 보고자 한다. 나이 듦이라는 개념 아래에는 확실히 상실과 슬픔이 들어갈 것이다. 사랑하는 사람을 잃은 것에서 오는 슬픔은 물론이고 자신의 젊음, 건강, 외모, 가치를 잃은 것에서 오는 슬픔도 있다. 외로움과 무력감으로 힘든 사람도 있다. 미래가 불분명한 것에 대한 불안과 우울도 크다. 세상이, 과학 기술이 너무 빨리 발전해서 자신만 뒤처진다고 느끼는 사람도 있다. 나이가 들면 늘 어느 정도는 고통스럽다. 그리고 죽음이라는 끝을 점점 더 실감하게 된다.

그런데 나이 듦 아래에는 다음과 같은 요소도 있다. 바로 "가능성"이다. 인간은 지금 그 어느 때보다 오래 살고 있다(우리 조부모 세대보다 10~20년 더 오래 산다). 그래서 이 "가능성"이 생겼다. 나이 듦은 이제 병들고 무능해진다는 뜻이 아니다. 물러나서 아무것도 하지 말아야 한다는 뜻도 아니다. 어떤 사람에게 노년은 인생의 새로운 단계가 되기도 한다. 바로 갱신의 단계a stage of renewal인데, 이 단계에서는 외부의 삶만큼 중요한 내면의 삶을 경험하게 된다.

우리는 몸의 점진적인 무너짐이 자연의 당연한 질서에 속함을 깊이 이해할 수 있다. 이때 고투苦鬪가 아닌 평정심으로 받아들이는 법을 배우면 처음 겪는 나이 듦의 어려움이 곧 인생이 끝났음을 의미하지는 않음을 깨달을 수 있다. 그리고 어려움 혹은 고통의 한가운데에 있을 때 바로 지금 존재하는 것에 좀 더 감사하고, 살아 있음이 주는 매일의 선물을 더 잘 포용할 수 있다.

나이 듦은 분명 괴롭지만 놀랍게도 인생에서 가장 보람된 시기가 되기도 한다. 따라서 이 책의 상당 부분에서 우리는 매일의 삶의 질을 높이는 데 나이 듦을 이용하는 법을 탐구할 것이다. 하지만 아쉽게도 나이 듦의 과정을 잘 헤쳐나가게 하는 간단한 지침이나 입증된 공식 같은 것은 없다. 나이 듦 대처법에 대해 무엇을 읽고 무엇을 배우든 간에 실질적인 경험은 통찰과 혼란, 전진과 후퇴의 점진적 과정에 훨씬 더 가까울 것이다.

나이 들어 괴로운 이유 중의 하나가 "노인" 혹은 "병자"라는 정체성을 받아들여야 하기 때문이다. 그렇게 받아들이는 순간 주변 환경은 행복의 원인이 아니라 위험의 근원이 된다. 모든 것을 자신이 헤쳐나가야 하는 장애물로만 보기 시작하면 인생이 매우 비좁아진다. 그런 어두운 장소로 떨어지고 싶지는 않지만, 동시에 우리가 사실 늙어가고 있고 건강을 잃어가고 있고 예전의 대처 능력 중 일부를 잃어가고 있음을 정직하게 인정하는 것도 꼭 필요하다. 그 인정을 능숙하게 잘하려면 예전의 그 젊고 건강했던 사람인 척하기를 그만두어야 한다. 그러다 어느 시점이 되면 우리가 (어떻게 죽을지는 몰라도) 분명히 죽는다는 사실을 인정하는 것이 얼마나 가치 있는 일인지 깨닫게 된다. 이런 인정이 음울하고 슬플 필요는 없다. 언젠가 인생이 끝날 것임을 분명히 알 때 육체에서 정체성 찾기를 그만두게 되는데, 이때 굉장한 안도감이 찾아온다. 이것은 균형 감각이 중요한 외줄 타기를 배우는 것과 비슷하다. 자신이 늙고 아프다는 사실을 받아들이되, 그것이 자신의 모든 것은 아님을 알아가는 것이다.

늙어 시간이 많지 않음을 깨닫고 나면 자신에게 정말 중요한 것이 무엇인지에 따라 시간과 에너지를 잘 선별해서 쓸 수 있다. 나는 인생을 보는 관점이 확실히 바뀌었고 그만큼 인생을 사는 법도 많이 바뀌었다. 소소하게 걱정하며 보내는 시간이 많이 줄었고 더 이상 화나 두려움에 휘둘리지 않는다. 그리고 용감하게 내가 하고 싶은 일을 하게 되었다. 전에는 망설였던 일들 말이다. 나에게 그다지 중요하지 않은데 그동안 의무감으로 해왔던 일들도 이제는 하지 않는다.

나는 우리 모두 나이가 들어감에 따라 예전에 모르고 지나쳤던 일상의 작은 행복에 점점 더 감사하게 되면 좋겠다. 그리고 사랑하는 사람들과 더 깊이 소통하고 교감하기를 바란다. 하지만 나이 듦이 우리에게 주는 가장 위대한 선물은, 인생에서 가장 중요한 것이 사랑과 친절임을 아는 지혜와 사랑과 친절을 최대한 베풀며 살고자 하는 마음이다.

Contents

서문   006

Part I 영역 이해하기

1 근본 딜레마   017
2 주요 가르침   029
3 의도와 포부   043
4 명상과 깊은 이완   059

Part II 어려움 다루기

5 두려움과 우울   087
6 애도와 상실   107
7 외로움과 무력감   125
8 육체적 통증   147

Part III 새로운 시작

9   의미를 찾아서   185
10 죽음 생각   199
11 연결 만들어가기   221
12 갱신   235

Part
I

영역 이해하기

1
근본
딜레마

나이 듦이 힘든 것은 매일 죽음이 가까워지기 때문이라고들 한다. 하지만 그게 어느 정도 사실이라고 해도 우리는 죽음에 대해 그렇게 매일 생각하지는 않는다. 인생의 마지막 단계인 여기에서 우리를 힘들게 하는 다양한 요소가 있다. 특히 그것들이 한꺼번에 올 때 매우 힘들어진다. 일단 나이 듦의 과정에서 우리가 모두 초심자라는 사실로 시작해 보자. 우리 중에 늙어본 사람은 아무도 없다. 이것만으로도 어려움에 직면할 때마다 우리는 겁에 질릴 수 있다.

그런데도 우리가 할 수 있는 일이 있다. 지금부터 이 책을 통해 우리가 노화를 경험하는 방식을 근본적으로 바꾸어 나이 듦에 접근해 보려 한다.

인간적인 요소

사람은 누구나 안전, 보안, 통제에 대한 갈망을 가지고 태어난다. 생존하기 위해 그렇게 진화해 올 수밖에 없었다. 그래서 인생에서 우리가 통제할 수 있는 것이 너무도 적다는 현실을 받아들이기가 어렵다. 우리는 조타수가 배를 통제하는 것처럼 우리 인생을 통제하고 있다고 믿는다. 조타수는 키를 움직여 어느 정도 배가 가는 방향을 결정할 수 있지만, 물살이 제멋대로 바뀌고 치솟고 거세지면 도저히 통제할 수 없게 된다. 그러다 물살이 잔잔해지면 어떤 일이 있어도 통제할 수 있다는 망상에 다시 빠진다. 망상에서 깨어나 불확실성과 무력감을 느끼고 싶지 않아서 우리는 주로 부인하고 거부하고 불가피한 것에 대항해 싸운다. 그리고 기댈 수 있는 무언가 안정적인 것을 찾아 헤맨다. 물론 변하는 환경에서 할 수 있는 한 최선을 다하고 싶은 것이겠지만 통제하고 싶은 욕구로 될 일은 아니다.

나이 듦으로 어려움을 겪을 때 우리의 맨 처음 반응은 "왜?"라고 묻는 것이다. 우리는 "왜 이런 일이 나에게 일어나지?" "나는 왜 우울하지?" "나는 왜 피곤하지?" "왜 불안하지?"라고 물으며 상황을 분석하려 든다. 이것은 한편으로 확실성을 얻고 싶기 때문이다. 우리는 몸속 불안한 떨림을 피하고 싶다. 통제의 망상에서 깨어나 불편해지고 싶지 않다. 하지만 그 망상을 유지하기 위해 아무리 노력해

봤자 무방비 상태의 무력감에 빠지는 데는 의사 상담 한 번이면 충분하다. 이것이 나이 듦의 딜레마에서 핵심적인 부분이다.

안전 혹은 편안함을 추구하는 것이 잘못은 아니다. 젊은 시절에는 생존 모드가 중요했고 우리를 움직이는 주요 동기였다. 그러다 우리는 나이가 들어서야 호기심, 감사, 진정한 본성대로 사는, 다른 기본적이고 자연적인 충동을 그동안 외면하고 살아온 결과가 불러온 고통을 당한다. 좀 더 긍정적인 충동을 계발하는 법을 배우지 못한다면 우리 인생은 점점 더 좁아지고 만족감은 눈에 띄게 떨어질 것이다. 몸이 점점 무너지기 시작하면서 더 이상 안전하지도, 안전을 지키지도 못할 때 특히 그렇다.

존재론적 딜레마

사람은 태어날 때부터 확실성, 의미, 체계structure를 갈망하는 존재이다. 하지만 우리는 변화가 자연스러운 세상에서 살고 있다. 이 둘의 모순을 어떻게 풀어야 할까? 우리는 늙고, 병들고, 결국에는 죽는다. 따라서 두 발을 단단히 딛고 설 수 있는 영원한 땅을 찾겠다는 우리의 시도는 결국 모두 실패한다. 이것이 우리가 존재론적 불안, 다시 말해 존재의 불안한 떨림을 달고 사는 주된 이유이다.

하지만 우리가 불안하고 고통스러운 것은 모든 것이 변한다는 사실 때문이 아니라, 그 사실을 삶의 불가피한 측면으로 받아들이기를 거부하기 때문이다. 나이 듦의 냉혹함은 안전과 편안함이라는 우리가 원하는 것과 실제 현실 사이의 충돌을 부른다. 원치 않는 것을 피하고 싶은 마음은 인간 정신에 깊이 각인돼 있고, 있는 힘을 다해 피하기를 계속하다 보면 우리는 더 고통받는다.

존재론적 딜레마는 우리 인간이 안전한 토대를 느끼고 싶어 한다는 사실에서 시작된다. 하지만 살다 보면 토대 없음과 불확실성을 피할 수 없음을 무섭게 깨닫게 된다. 깊이 사귄 사람과의 이별, 경제적 문제, 고난이 예상되는 진단 같은 개인적인 위기를 겪을 때 그렇다. 이때 우리가 원하는 것은 확실성이고 그 어떤 의미임이 더 분명해지지만 우리는 그 둘 다 주지 못하는 세상에 살고 있다. 이것이 우리 모두가 나이 듦에 따라 결국 직면해야 하는 기본적인 딜레마이다.

인간은 기본적으로 외로운 존재라는 사실도 존재론적 딜레마를 자극한다. 우리는 혼자 태어나서 혼자 죽을 것이라는 사실, 그 절대적인 고립을 인식할 때 외로운 존재임을 뼈저리게 느낀다. 자주는 아니지만 그럴 때 교감하고 싶고 보호받고 싶고 전체의 일부이고 싶은, 깊은 욕망과 외로운 존재라는 현실이 날카로운 대치를 이룬다.

그런데 우리 존재론적 딜레마에서 가장 무서운 부분은 언젠가 우리 모두가 죽는다는 사실일 것이다. 이것은 우리 몸과 정신에 깊이 각인된 생존 욕망에 정면으로 대치된다. 존재하고 싶지만 언젠가는 사라질 것을 아는, 이 갈등 상황에 타협이란 있을 수 없다. 죽음 이후의 삶을 가정하거나 후손이나 성취해 놓은 일을 유산으로 남기는 것에서 위안을 얻을 수도 있겠지만, 솔직히 말하자면 그런 것들이 조금씩 새어 나오는 불안감을 완전히 막아주지는 못한다. 내가 이 책에서 제시할 해결책도 우리가 죽을 것임을 받아들이고 그것에 순응하고 그것을 자연스러운 질서의 일부로 인정할 때 비로소 진정한 해결책이 될 것이다.

특권

나이 듦에 따라 어려움이 생길 때, 더 이상 편안하지 않고 안도감도 기대할 수 없을 때 혹은 상황이 나빠지기만 할 게 분명할 때 인생이 삐걱거린다고 느낀다. 이것은 꼭 나이 듦의 문제만은 아니다. 2천5백 년 전으로 거슬러 올라가 보면, 이미 붓다도 사람이라면 누구나 인생이 불편함과 실망을 수반한다는 사실을 받아들여야 한다고 말한 바 있다. 건강을 잃을 것에 대한 두려움, 경제적 안정에 대한 걱정, 사랑하는 사람과의 관계에서 오는 문제, 성공과 인정에 대한 갈망과 고투 등, 문제는 언제나 있다. 그리고 이런 문제들은 늙어감에 따라 더 심각해진다.

그렇지만 어처구니없이 들릴 수도 있지만, 솔직히 말해서 가장 기본적인 문제는, 우리의 일부가 우리는 그 어떤 문제도 있어서는 안 된다고 정말로 믿고 있다는 것이다. 이것이 나이 듦을 비참하게 만드는 상당한 요인이다. 원하는 것을 반드시 가져야 한다고 굳게 믿고 있다면 말이다. 우리는 건강, 젊음, 날씬한 몸매를 원한다. 삶에서 질병이나 사고를 만나면 좌절하고 심지어 배신감까지 느낀다. 단지 감기만 걸려도 통제력을 잃고 무력감에 빠질 것 같아 불안해지기도 한다. 우리는 이런 특권 의식을 가지고 인생이 기본적으로 우리가 원하고 기대하는 대로 흘러가야 한다고 생각한다. 심지어 아무런 불편함도 겪어서는 안 된다고 생각한다. 그러다 어쩔 수 없이 삶이 불편해지면 무언가 잘못되었다고 느낀다. 뭔가 불공평하고 자기 자신이 불쌍하다. 아니면 화가 난다. 하지만 이런 특권 의식을 고집한다면 결국 그 희생자는 우리가 될 뿐이다.

한 예로 몇 년 동안 나는 주기적으로 신경통을 앓았다. 통증이 절대 사라지지 않을 것처럼 끈질길 때도 있었다. 수년 동안 명상을 해왔음에도 머릿속에서 전형적인 한탄 소리가 새어 나왔다. '이건 아니잖아!' 나는 내가 특권 의식에 여전히 얼마나 쉽게 사로잡힐 수 있는지 깨닫고 한없이 겸손해졌다. 한편으로 특권 의식의 끈질김을 절대 과소평가해서는 안 된다는 것도 배웠다.

특권 의식은 자신의 세상을 통제하고 인생을 자기 방식대로 끌고 가려는 작은 마음, 즉 에고ego에서 나온다. "이걸 하면 나는 기분이 좋아질 거야"라고 말하는 무언의 사운드트랙을 모르는 사람은 없을 것이다. 우리 자신과 인생을 우리가 원하는 방식대로 만들 수 있다고 가정하는 목소리이다. 하지만 이런 가정은 실망만 부른다. 왜? 왜냐하면 아무리 애써도 문제없는 인생을 보장할 수는 없기 때문이다.

안주

자동 기계 장치처럼 움직이면서 일상에 안주하기란 참 쉽다. 하지만 나이가 들면서 변화와 세상의 무상한 본성을 맛보면 더 이상 안주하며 살 수 없다. 사실 이것은 상당히 심란한 일이다. 곧장 불행의 구렁텅이로 빠지지는 않더라도 언제 그렇게 될지 모르니 그야말로 살얼음판을 걷는 형국이다. 얼음이 쪼개지기 시작하면, 그러니까 건강이나 재정에 위협이 가해지면 땅이 꺼질 것만 같다. 그동안 확실하다고 생각했던 것들이 그렇지 않고, 실상은 외부의 일시적인 조건들에 의지해 왔음이 보이기 시작한다. 중국 속담은 이것을 이렇게 요약한다. "불확실함은 불편하지만 확실함은 터무니없다."

부분적으로 우리의 문제는 너무 근시안적이라 큰 그림을 놓친다는 데 있다. 생존이 중요할 때는 단지 살아가는 것만이 중요하다. 하지만 생존 너머 더 큰 그림을 보게 되면 진정성 있는 삶을 사는 것이 중요해진다. 왜? 우리 본성이 그렇기 때문이다. 우리의 진정한 본성은 도토리가 참나무가 되려 애쓰듯 자신을 드러내려 애쓴다. 바로 그래서 진정한 우리 자신으로 살아갈 때 우리는 가장 깊은 만족감을 느낀다.

하지만 안주할 때 보통 우리는 눈앞에 있는 것만 보며 이 일에서 저 일로 옮겨 가며 산다. 인생의 대부분을 우리는 이 안주 상태에 빠져 보낸다. 이것은 "깨어 있지만 잠자는" 상태로, 진정한 자신과 자신이 인생에서 정말로 원하는 것을 알아차리기보다 단지 그때그때의 일에 빠져 그것에서 자신의 정체성을 찾는 상태이다. 이때 우리는 기본적으로 어떻게 해서든 편안하고 안전한 삶을 사는 데 집중한다.

강한 사람, 능력 있는 사람 혹은 힘 있는 사람 같은 특정 이미지를 강력하게 구축하는 데 많은 에너지를 쓴다. 인정받고 싶어 다른 사람을 기쁘게 하는 것, 우리의 가치를 증명하는 것, 혼돈의 느낌을 떨쳐버리려 통제력을 되찾는 것 같은 일반적인 전략을 따르는 데 많은 시간과 에너지를 쓴다. 이런 전략은 항상 어느 정도는 두려움에 기반한다. 더 큰 그림 속 인생의 진정한 의미를 보지 못한다면 목적 없이 불만스러워하며 계속 몽유병 환자처럼 살아갈 수밖에 없다. 경험에 의하면 결국 우리는 나이가 들어감에 따라 모두가 직면하는 주요 문제 중 하나에 집중할 필요가 있다. 바로 우리 진정한 본성과 단절됐다고 느끼는 사실이다. 앞으로 나는 이 책을 통해 이것이 실제로 무슨 의미인지와 정말 그렇게 단절되었다면 이제 어떻게 해야 하는지에 대해 분명히 해두려 노력할 것이다.

나이 듦이 주는 구체적인 문제들

우리는 나이가 듦에 따라 새롭고 구체적인 문제들에 직면한다. 예를 들어 이런저런 병을 앓게 되거나 이 증세에서 저 증세로 옮겨가기를 반복한다. 이때 자신을 병들의 종합 그 이상으로 보지 못하게 된다. 심지어 "병자"에서 자신의 정체성을 찾기도 한다. 이런 일이 일어날 때 인생은 두려움 그 자체가 된다. 두려움이 강력해서 인생이 마치 좁고 긴, 어두운 터널처럼 느껴진다. 머릿속은 두려움이 던진 질문들에 집착한다. "내 몸에 어떤 일이 일어날까?" "정신이 나가기 시작하면 어떻게 될까?" 다른 사람에게 부담이 될 것을 걱정하다가도 도움이 필요할 때 누가 자신을 돌봐줄지 걱정한다. "누가 신경이라도 써줄까?"

가진 것을 잃게 될까 봐 또 걱정이다. 나이가 듦에 따라 건강이 나빠지고 몸을 제대로 가눌 수 없게 되면 이 걱정은 더 깊어진다. 육체적 힘과 체력, 유연성이 줄어들기 시작할 것이다. 그리고 이런 점이 유독 아픈 사람이 있다. 예전의 에너지와 활력을 더 이상 누릴 수 없다는 사실에 금방 우울증의 나락으로 떨어진다. 어떤 사람은 건강 문제가 끝도 없이 드러나는 게 제일 힘들다. 통증 하나가 사라지면 또 다른 통증이 나타난다. 이런 상태가 지속되면 지칠 수밖에 없다. 인생이 사실상 끝장나 버린 것 같다.

어떤 사람에게는 나이와 함께 찾아오는 외모의 변화가 가장 힘들다. 더 이상 매력적이지도 호감을 주지도 않는다. 도저히 예전으로 돌아갈 수 없음을 깨닫는, 고통스러운 순간이 찾아온다. 거울을 보면 흰머리와 늘어난 주름이 보인다. 관절과 근육이 아프고 당긴다. 예전처럼 잘 보지도 듣지도 걷지도 못한다. 이 모든 상실이 예전처럼 할 수 있는 건 아무것도 없다고 확신하게 만든다. 대체로 늙음은 기쁜 일이 아니다. 이것은 사실이다. 늙으면 모든 것이 무너질 뿐이다.

때로 나이 듦은 외로움 혹은 소외를 의미한다. 어떤 사람에게 나이 듦은 불가피한 죽음을 위한 긴 기다림이 된다. 또 어떤 사람에게는 나이가 들면서 더 이상 쓸모가 없어지는 게 가장 괴롭다. 중요한 사람 혹은 생산적인 사람으로서의 자기 자리를 잃는 것이다. 역할이나 직장을 그만두는 것은 자연스러운 과정임에도 정체성에 대해 의심을 품는다. 이것은 우리가 여전히 중요한 사람임을 확인해 주는 사람이 옆에 없고 삶의 목적이 사라지면 특히 더 괴롭게 다가온다. 육체적으로 약해질수록 이런 상실감은 더 커진다. 경제적인 문제도 있을 수 있다. 더 이상 들어올 돈은 없는데 생활비는 계속 오르는 상황을 보면 겁이 덜컥 나기도 한다.

젊었을 때는 시간이 한정 없어 보이므로 어떤 문제도 해결할 수 있을 것 같다. 나이가 들면 그런 착각을 유지하기가 어려워진다. 하지만 여전히 자신을 그 어떤 예외로 보며 마치 생물학적 나이 듦의 법칙이 자신에게는 적용되지 않는다고 믿는 듯 부인하며 사는 사람도 많다. 어쨌든 평생을 늙는 것은 다른 사람들이라고 생각하며 살아왔으니까 말이다. 그러니 그들처럼 늙는다는 현실에 적응하기가 쉽지 않다. 엘리자베스와 내가 지금의 은퇴자 공동체로 처음 들어왔을 때 우리는 여기서 가장 젊은 사람이었고 주위를 보면 허리가 굽거나 지팡이를 짚고 다니는 사람들뿐이었다. 그들은 "늙었고" 나는 여전히 "나"라고 믿는 게 어렵지 않았다. 하지만 그러다가도 창유리에 비친 내 모습을 보면 더 이상 늙지 않은 척을 할 수 없었다. 그리고 나에게도 똑같이 할당된 어려움과 상실을 경험하기 시작하면서 나도 새로운 현실에 적응해야 했다. 쉽지는 않았지만 세상 속 내 자리를 숙고하는 과정을 통과해 나가야만 했다.

우리는 어디서 어떻게 자신만의 길에 도달할지 각자 점검해야 한다. 인생이 우리를 즐겁게 해줘야 하고 우리가 원하는 대로 흘러가야 하며 늘 건강하고 편안해야 한다고 믿는, 그 특권 의식부터 알아차려 보는 걸로 시작할 수 있다. 그리고 과거에 대한 그 모든 한탄과 미래에 대한 그 모든 걱정으로 가득하며, 그 모든 비난과 평가로 가득한 우리 머릿속도 관찰할 수 있다.

쉽진 않지만, 진정한 자신을 발견하고 나아갈 방향을 찾는 것이 나이 듦의 과정에서 받을 수 있는 보상이다. 그러려면 우리가 육체에서 얼마나 자신의 정체성을 찾고 있는지 봐야 한다. 우리는 보통 육체가 우리 자신이라는 것을 너무 확신한 나머지, 그 육체를 통제하는 데 필요 이상으로 노력한다. 하지만 질병은 통제할 수 없다. 나이 듦과 죽음은 더 말할 것도 없다. 이것들을 통제하려고 할 때 대개 분노하게 되고 그다음 무력감과 절망에 빠지게 된다. 나이 듦의 현실에 저항하면 그 결과는 일상의 작은 고생이든 절망에 빠뜨리는 어두운 밤들이든 언제나 고통이다.

무엇이 당신을 가장 놀라게 하느냐는 질문에 달라이 라마는 이렇게 대답했다고 한다. "사람입니다. 돈을 벌기 위해 건강을 희생하고 그다음에는 건강을 되찾기 위해 돈을 희생하니까요. 그리고 미래를 걱정하느라 현재를 즐기지 못하니까요. 그래서 현재에도 미래에도 살지 못하니까요. 그리고 절대 죽지 않을 것처럼 살다가 결코 살아보지 못한 것처럼 죽으니까요."

이 말씀 속에 우리의 근본 딜레마가 있다. "우리가 사는 세상은 끊임없이 변하고 우리는 그런 세상을 통제할 수 없다." 다시 말해, 우리는 안전과 확실성에 대한 내면의 갈망을 만족시킬 수 없다. 하지만 나이 듦을 멈출 수는 없더라도, 나이 듦에 따라올 수밖에 없는 변화를 통제할 수는 없더라도, 주요 가르침들을 찾아내고 노년의 일상에 통합할 수는 있다. 이것은 대단히 가치 있는 일이다.

2
주요
가르침

　이런저런 어려움이 불가피한 노년이지만 결정적인 선택권은 우리 자신에게 있다. 마침내 시간에 끝이 있음을 깨달으면 우선권에 전폭적인 변화가 생기기 시작하고, 우리는 "자연적 사원natural monastery"이라는 말이 꼭 맞는 삶의 단계로 들어간다. 이 단계에서 우리는 나이 듦이 주는 어려움이 더 이상 장애가 아니라, 자기 발견과 내면의 자유로 향하는 길에서 불가피한 것임을 배울 수 있다. 이런 자세를 계발하는 것은 매우 중요하다. 이 책의 중간 부분과 마지막 부분에서 우리는 불안, 상실, 외로움, 육체적 고통 같은 일반적인 어려움을 다루는 아주 구체적인 방법들을 살펴볼 것이다. 하지만 그런 방법들을 제대로 활용하기 위해서는 기본적이고 이론적인 개요가 선행되어야 한다. 그것을 이번 장에서 해보려고 한다.

영적인 길을 가는 사람이라면 붓다의 사성제四聖諦(영원히 변하지 않는 네 가지 성스러운 진리 _ 역자 주)에 대해 들어보았을 것이다. 여러 버전이 있지만 기본 가르침은 모든 것이 일시적이고 인생에서 확실한 것은 아무것도 없다는 것이다. 인생이 괴로운 것은 무상의 현실을 우리 마음이 받아들일 수 없어서이다. 무언가 영원한 기반을 찾으며 무상한 현실을 거부하면 할수록 우리는 괴롭다. 문제는 변하는 외부 조건들과 불확실성이 아니라, 그것에 대한 우리의 자세이다. 우리 마음이나 에고가 문제의 일부임을 이해하면, 고통을 줄이고 어느 정도 평정심을 갖게 하는 새로운 방식의 시각과 이해를 더할 수 있다. 다시 말해 나이 듦의 어려움을 자연적 사원으로 삼고 이용한다면 불확실성과 변화에 적응하는 마음을 계발할 수 있다. 예를 들어, 변화하는 새로운 상황에 직면할 때 "오, 아니야! 이건 싫어!"라고 말하는 대신 "이번에는 이거란 말이지. 그럼 어디 한번 볼까?"라며 호기심으로 맞이하는 법을 배울 수 있다.

이게 쉽지는 않다. 아니, 매번 쉽지 않을 수도 있다. 나이 듦에 대한 두려움이—특히 고통과 불편함이 점점 커지거나 정신적 역량이 줄어들기 시작할 때면— 어두운 그림자가 되어 어디를 가든 우리를 따라다닐 수 있다. 막연하지만 분명한 파멸의 느낌에서 아무리 애써도 벗어날 수 없다. 이런 일이 벌어지면 감사했던 마음도, 활력도 잃게 된다. 몸이 약해질수록 두려움이 온몸과 마음을 감싸고 모든 것이 궤도에서 튕겨 나가는 것만 같다.

덧붙여 나이 듦을 인식하는 우리의 방식이 그 어려움의 느낌을 배가할 수 있다. 노년에 대해 이야기할 때 우리가 사용하는 단어들이 세상에 대한 우리의 관점과 반응을 실제로 더 날카롭게 만든다. 그리고 우리의 문화가 나이 듦을 '부담', '나약함'과 같은 용어로 묘사하며 고통이나 불편함에 초점을 맞추는 것도 사실이다. 나이 듦에 대한 이런 사회적 관점이 우리의 상실과 무력과 쇠약을 심화한다. 하지만 이것은 달리 말하면 나이 듦을 다른 단어와 개념으로 볼 수도 있다는 뜻이다.

나이 듦을 자연적 사원으로 삼으라니 이것은 무슨 말인가? 사원에 들어가는 젊은이는 평화와 고독 속에서 살기 위해 삶의 여러 상황에 대한 통제를 자발적으로 포기한다. 나이가 들어도 고독하게 살고 싶지 않고 여전히 인생을 어느 정도 통제하고 싶을 수도 있지만 이제 우리는 내면의 더 깊은 요구에 집중해 볼 필요가 있다. 그리고 내면의 더 깊은 요구에 집중하는 것이 사원에서의 삶의 본질이다. 이 사원에서는 정신을 산만하게 하는 것들을 최소화하고 명상, 기도, 독서, 글쓰기와 자연에 더 많은 시간을 할애한다. 그 결과, 나이 듦의 좋은 점들을 보고 삶을 긍정적으로 바라보기 시작한다.

그렇게 할 때 우리는 삶의 이 단계를 갱신을 위해 집중하는 시기로 삼을 수 있다. 삶을 더 명확하게 보고, 좀 더 친절하고 감사하는 마음으로 살고, 덜 집착하고, 늘 우리 앞에 있는 삶의 무수한 기쁨들을 볼 능력을 계발하면서 말이다. 아이들은 자연적으로 경이로움을 잘 느끼고 나이가 들수록 그런 감각이 무뎌진다고 믿는 사람들이 많지만 사실 아이들은 대부분 삶을 당연한 것으로 여긴다. 경이로움을 느끼는 감각은 나이 듦을 자기 발견과 갱신의 단계로 이용한 결과로서 계발되는 것이다. 시간이 영원할 것처럼 살기를 멈출 때, 우리 발아래 얼음이 얼마나 얇은지 알아차릴 때 우리는 "모든 잎이 꽃이 되는 가을은 두 번째 봄이다"라고 말했던 카뮈의 말을 온전히 실감하게 된다.

"결국 가장 중요한 것은 얼마나 잘 사랑했느냐이다." 이것은 붓다의 말씀이다. 우리가 길잡이 원칙으로 쓸 만한 또 하나의 유용한 가르침이다. 이 말을 염두에 두고 새롭게 보는 법을 계발할 때 우리는 항상 사랑을 목표로 삼을 수 있다. 문제는 정말 그렇게 할 수 있느냐이다.

우리는 뭔가 비법이 있을 거라고 생각하는 것 같다. 아니면 사랑을 최우선으로 두기 위해 뭔가 특별한 일을 해야 한다고 생각하는 것 같다. 하지만 유일한 "비법"은 인생이 무엇을 선사하든 바로 지금 새로운 방식으로 보고 이해하는 법을 배우는 것이다. 아픈 몸, 부족한 체력, 목적 상실, 사라져가는 정신머리처럼 우리가 곤란하다고 여기는 것들, 우리가 원치 않는 것들도 새로운 눈으로 보고 이해해야 한다. 어려움을 둘러싼 자기 파괴적인 자세를 고칠 때 더 잘 사랑하며 살 수 있다.

숙고하지 않은 믿음이 가진 힘을 직시해야 한다. 예를 들어 인생이 우리의 의도를 영원히 따라야 한다고 생각한다면 나이 듦은 필요 이상으로 곤란한 문제가 될 수 있다. 이런 구속적인 관점은 특권 의식에서 나오고 특권 의식은 인생이 항상 우리에게 편안함, 기쁨, 안락함을 주어야 한다는 믿음이다. 슬프게도 그렇게 믿고 있는 한 우리는 인생에서 가장 풍성하고 충만한 경험은 대개 어쩔 수 없이 더 깊이 파고들게 하는, 인생이 제시하는 역경의 결과임을 깨달을 수 없다. 그런 의미에서 실망은 종종 우리의 가장 위대한 스승이 된다. 나이 듦에 따라 찾아오는 변화들에 직면할 때 위기가 닥쳤다고 하지만, 달리 생각해 볼 필요가 있다. 새로운 관점으로 보면 그 변화들은 내면의 성장과 갱신을 위한 기회가 되기도 한다. 불편함을 배움과 성장으로 나아가는 길로 보는 법을 배울 수도 있다. 그리고 실망과 고통이 마음을 말랑말랑하게 해 사랑에 눈뜨게 하는 연화제가 될 수도 있다.

이 과정의 어느 지점에 이르면 존재의 중요한 전환이 일어난다. 안전과 안전의 추구, 인정받음과 통제가 주요 목적이었던 삶—모두 자기 중심성과 불행을 강화하는 것들—에 갇혀 있다가 자신의 가장 깊은 가치들을 위해 사는 삶으로 방향이 조금씩 전환된다. 이것은 기분의 변덕이나 일시적인 단계를 말하는 것이 아니다. 그리고 자세 변화라고만 치부할 수도 없다. 이것은 존재 방식의 실질적인 전환이다. 이 전환으로 기꺼이 인내하고픈 마음이 깊어진다. 그리고 강력한 감정과 오래된 패턴들이 한 번씩 다시 올라올 수는 있어도 자연적 사원에서 나가 예전의 삶으로 돌아갈 일은 이제 없다. 존재의 이런 전환이 없다면 우리는 언제나 기분, 욕망, 의견, 감정뿐만 아니라 늘 변하는 외부적인 환경의 자비에 맡기는 삶을 살아야 할 것이다. 다른 말로 낡은 방식의 시각과 존재 방식을 영속하게 될 테고 그럼 안주와 불행 사이를 왔다 갔다 하는 인생에 갇히게 될 것이다.

우리는 모두 안주가 주는 평온함에서 벗어날 필요가 있다. 상상의 안락함 속에서 길을 잃기란 너무도 쉽다. 그리고 비참함 속에서 헤어 나오지 못하는 것도 너무 쉽다. 정신적 습관과 뿌리 깊은 감정적 습관을 보려 하지 않을 때 이것들을 바꾸기란 쉽지 않다.

첫째, 우리는 우리가 가장 먼저 누구인지부터 물어야 한다. 예를 들어 육체가 아닌 이 "자아"라는 게 대체 무엇인가? 그리고 성격이라고 하는 이 일련의 경향들은 또 무엇인가? 그런데 우리는 이 "자아"를 어떻게든 보호하려 들지 않는가? 나이 듦을 통해 가능한 변화 혹은 변형을 이루기 위해서는 먼저 소중하게 생각하는 가치에 따라 살아가는 것과 같은 더 큰 것들에 대해서는 크게 진지하지 않으면서 우리의 화나 불편함 같은 더 작은 것들에 대해서는 얼마나 진지한지 보아야 한다. 육체적 증세들이 있을 때 불편을 느끼는 것 혹은 외롭고 대접받지 못하고 있다 느끼는 것은 이해할 만하다. 하지만 가장 중요한 것에서 얼마나 분리되어 있는지 그리고 우리 본성인 사랑을 얼마나 적게 경험하고 있는지에 대해서는 충분히 불편해하지 않는다. 우리는 지금 부족한 사람이라고 우리 자신을 평가하는 것이 아니다. 나이 듦을 힘들게 하는 것들의 성질과 규모를 면밀하게 들여다보고자 하는 것이다.

우리에게 옳은 방향을 보여줄 수 있는 딱 한 가지가 있다면 그것은 어쩌면 "나이 듦의 위기"를 내면에서 제대로 경험하는 것일지도 모른다. 나이 듦의 위기는 시간이 영원하지 않음을 느낌으로는 잘 아는데 남겨진 시간이 정확히 얼마나 되는지 모를 때 온다. 나이 듦의 위기를 경험하기 위해 "늙을" 때까지 기다릴 필요는 없다. 이것은 인생에서 언제고 일어날 수 있는 일이다. 나이 듦의 위기, 그 온전한 의미를 알 때 우리는 정신이 번쩍 들고 이제 가장 가치 있다고 느끼는 일을 우선시하게 된다. 언젠가는 분명히 죽을 것임을 제대로 깨달을 때 확실히 두려움이 생기고 존재의 불안한 떨림이 극대화된다. 하지만 바로 그 두려움을 연민을 갖고 의식하고 직시할 때 인생의 진정한 변화가 일어난다. "춤추는 별을 잉태하려면 내면에 혼돈을 지녀야 한다." 이것은 내가 좋아하는 니체의 말이다. 이 혼돈에서 우리는 옳은 방향으로 나아간다. 옳은 방향은 언제나 더 깊은 분명함과 더 위대한 사랑으로 향하는 방향이다.

자연적 사원에서 살 때 찾아오는 이 분명함은 자신이 누구인지, 이 세상 어디에 서 있는지 이해하는 지혜이다. 이제 우리는 더 이상 과거 혹은 낡은 자아상에 갇혀 살지 않아도 된다. 과거에의 천착穿鑿

은 분명 이해할 만하지만, 개인적 역사에 집착한다면 그 천착은 쉽게 장애가 된다. 그보다는 여기 현재에 집중해야 한다. 정확하게 말해서 우리는 바로 지금 존재하기 때문이다. 그럴 수 있을 때 놀랍게도 평정심을 경험한다. 어려움에도 불구하고 인생이 그 자체로 충분함을 발견할 테니까 말이다. 어려움이 닥칠 때 우리는 가슴 안에 생긴 덩어리가 오트밀 속 덩어리와는 다름을 깨닫는다. 인생은 늘 예측할 수 없다. 예를 들어, 암이라는 소식을 접하면 그 순간은 충격에 휩싸이더라도 우리는 그 어려움도 헤쳐나갈 수 있고, 노력하면 결국에는 본래의 정상 상태로 돌아갈 것임을 안다.

고통을 피하고 편안함을 열망하는 상태에 언제나 다시 빠질 수 있음을 기억하는 것이 좋다. 분명히 보기 시작했고 낡은 행동 패턴의 변덕에 더 이상 휘둘리지 않는다고 해도 그 열망이 두 번 다시 일어나지 않을 거라 생각하는 것은 순진하다. 깊은 깨달음은 급변하는 상황들로 끊임없이 시험당할 때 조금씩 찾아온다. 신장암을 진단받고 갑자기 내 인생이지만 내가 어떻게 할 수 없다고 느꼈을 때, 그 모든 것이 나에게는 굉장한 시험처럼 다가왔다. 잠깐이지만 내 머릿속 혼돈에 굴복하기도 했다. 하지만 일단 사건의 전말을 제대로 보기 시작하자 내 몸에 대한 강력한 집착과 통제하고 싶은 강력한 열망을 보며 배울 수 있었다. 내가 진짜로 늙어가고 있음을 알려주는 새로운 증상들을 겪을 때마다 불안했는데, 그때도 마찬가지였다. 어느 순간 나는 그 모든 스트레스에서 벗어날 수 있어야 한다고 믿었다. 하지만 흥미롭게도 불안을 도움이 되는 그 어떤 것으로 볼 수도 있음을 배웠다. 불안은 정신을 차리고 그 사건들을 좀 더 깊이 보게 했고 내가 집착하는 모든 것에서 벗어나게 해주었다. 어려움을 내면의 성장을 위한 길로 볼 수 있다고 했을 때 내가 의미한 것이 이것이다. 그렇게 볼 수 있을 때 어디에 주의를 집중해야 할지 알게 되고 스트레스 반응이 치유 반응으로 바뀐다. 불안에서 벗어나려고 하기보다 이해하려 할 때 스트레스에 더 이상 압도당하지 않으며 순간 속에서 평정심을 얻는 게 가능해진다.

나이 듦과 관련해 우리 육체는 특히 스트레스를 유발한다. 우리 문화는 건강한 육체 이미지와 장수를 굉장히 강조한다. 나이 듦에 따라 자유를 경험하는 방법 중 하나는 우리가 단순한 몸 그 이상의 존재임을 깨닫는 것이다. 이것은 무슨 뜻인가? 나에게 이것은 몸이 아프더라도 아픈 병자로 내 존재의 정체성이 통일되지 않아도 된다는 뜻이다. 그보다 나는 그 순간의 경험에 온전히 집중할 수 있다. 예를 들어 호흡할 때 들어오는 공기를 느낄 수 있다. 호흡이 주변의 공기로 바뀌는 것을 느낄 수 있다. 내 존재 자체의 감각을 느낄 수 있고 좀 더 폭넓게 인생이 무엇인지를 감지하며, 인생의 고통스러운 부분들을 좀 더 수월하게 떨쳐버릴 수 있다. 이렇게 좀 더 알아차리고 좀 더 나 자신과 연결됨에 따라 만족감이 올라온다. 이것은 자연적 사원의 중요한 가르침 중 하나이다. 진정한 명상 혹은 기도를 통해(혹은 내면이 넓어지는 다른 무엇을 통해) 우리는 우리 에고의 좁은 관점이 세상의 전부가 아님을 보기 시작한다. 일단 그렇게 보게 되면 우리는 배우고 싶고 성장하고 싶어 더 기꺼이 어려움에 대면하고 싶다.

나이 듦에 불가피하게 따라오는 슬픔과 애도의 감정 또한 스트레스이다. 사랑하는 사람이 죽거나 당연하게 생각했던 능력들이 사라질 때 슬픔과 애도의 감정에 잠기는 것은 나이 듦의 자연스러운 부분인데도 그런 일이 벌어지면 우리는 대개 무언가 잘못되었다고 생각한다. 특히 우울증이 생기면 무언가가 크게 잘못되었다고 생각한다. 하지만 다르게 볼 수도 있다. 예를 들어 그동안 쌓아온 자아상이 무너졌고 예전처럼 더 열심히 노력하거나 심리적으로 도움이 되었던 특정한 행동들에 더 이상 의지할 수 없을 때 우리는 분명 상실을 느낀다. 하지만 자연적 사원에서는 그것이 겪어볼 가치가 있는 상실임을 깨닫는다. 그 상실이 인생을 새로운 방식으로 받아들이게 해준다. 우울증이 길고 어두운 밤처럼 느껴져도 그 밤을 통과하면 새 아침을 경험하게 된다. 모든 것이 더 분명해지고 더 감사하게 되는 새로운 아침.

우리가 제일 먼저 한탄하곤 하는 체력 상실조차 다르게 볼 수 있다. 평생 전진만 했는데 이제 많은 시간을 쉬어야 한다면 그것을 쇠락의 표시로 보기보다 자연적 과정의 일부로 보는 것이다. 반성reflection과 내면의 깨달음에 시간을 점점 더 많이 할애하는 자연적 과정 말이다. 이것은 경험을 바라보는 시각에 있어 급진적인 변화라고 할 수 있다. 지금의 나는 피곤할 때 그 피곤한 상태를 더이상 내 "종말의 시작"으로 보지 않는다. 이제는 피곤한 상태를 천천히 가도 되고 진정으로 현재에 살게 하는 기회로서 포용하고 환영하기가 더 쉬워졌다. 나는 꼭 무언가를 해야 진정으로 사는 것이 아님을 배웠다. 진정으로 살기 위해서는 존재하는 법을 배우기만 하면 된다.

한 가지 조심해야 할 게 있는데 바로 쉬운 해법에 기대고 싶은 마음이다. 예를 들어 신경 쓰고 싶지 않은 마음이 그것이다. 사람들은 신경 쓰지 않으면 문제될 것도 없다고 말한다. 혹은 생각대로 된다고도 말한다. 하지만 현실은 그렇게 간단하지 않다. 나이 듦에 대한 중요한 가르침들은 대개 아주 미묘하고 모두 어느 정도의 노력을 요구한다. 하지만 가장 중요한 것을 분명히 보게 하므로 해볼 가치가 있는 노력이다. 분명히 볼 때 자신이 가장 소중하게 생각하는 것을 선택하고 자신이 진정으로 원하는 삶에 반하는 것들을 선택하지 않을 자유가 생긴다. 개인적으로 나는 의미 없는 대화를 해야 하는 사교 상황을 피하기로 했다. 그리고 내가 가장 사랑하는 사람들과의 정직한 소통은 더 많이 하기로 했다. 여기서 "정직한"이란 내일차적인 생각과 반응을 그대로 드러낸다는 말이 아니라, 상처받을 것을 감수하고 실제 나에게 일어나는 일에 대해 솔직히 말한다는 뜻이다. 두려움에 기꺼이 맞서며 예전에는 하지 않았을 일을 하는 위험을 감수할 수도 있다. 삶의 통렬함을 더 많이 감지할수록 안주하는 삶과 오락거리에서 좀 더 진정성 있는 삶으로 옮겨 가게 된다.

진정성 있게 살기란 쉽지 않다. 지금까지처럼 습관적으로 "자연스럽게" 살아온 것과 상당히 다른 삶이기 때문이다. 다른 많은 것들이 그렇듯 진정성 있는 삶도 분명한 관점을 요구한다. 나이 듦에 따라 어려움이 생기고 동시에 바깥세상도 상황이 좋지 않아 보일 때, 이 세상의 모든 것이 틀려먹었다고 확신하는 상태에 빠지기는 너무도 쉽다. 바깥세상의 상황과 우리 내면의 감정적 반응이 서로의 그런 상태를 더 강화하는 것이다. 하지만 역사를 조금만 공부해도 현시대를 좀 더 분명히 보게 된다. 어느 나라든 현재보다 상태가 훨씬 심각했던 시대가 있었다. 전쟁, 기아, 자연재해, 대학살, 페스트 같은 끔찍한 전염병. 몇 가지만 들어도 이 정도이다. 현시대를 역사적 관점으로 보면 세상이 그렇게 우울하지는 않음을, 나아가 우리의 개인적인 어려움도 그렇게 심각한 상태는 아님을 알 수 있다.

현실에 대한 더 넓은 시각을 가진다고 해도 근시안적인 "목표들" 속에서 길을 잃기는 여전히 쉽다. 우리는 "노력해서 행복해지기" 같은 목표를 세우고 나이가 들면 그렇게 목표를 세운다고 해서 행복해지지는 않음을 모른다. 나이가 들면 진정한 행복은 어딘가에 도달하려 애쓰거나 특정 방식으로 느끼려 애쓰는 것이 아니라, 인생을 그 자체로 포용하고 인생의 여정에 호기심을 갖고 감사할 수 있을 때 온다.

계속 나타날 테니 나이 듦의 표시들과 싸우려는 마음을 알아차리고 단념할 필요가 있다. 자신을 돌보지 말라는 뜻이 아니다. 다만 어쩔 수 없는 것도 있다는 뜻이다. 그런 것들을 계속 어떻게든 바꾸려고 애쓰고 바꿀 수 있으면 행복할 거라 생각할 때 스트레스가 찾아온다. 내 접시에 놓인 것이 무엇이든 그것을 내면의 자유를 찾고 더 깊고 더 진정한 평정심을 가질 기회로 보는 것이 유일한 해법이다. "진정한 발견의 여정은 새로운 풍경을 찾는 것이 아니라 새로운 눈으로 보는 것이다." 프랑스 작가 마르셀 프루스트Marcel Proust의 말이다.

있는 그대로의 삶, 그 현재에 정직하게 존재하는 법을 배울 때 용기를 북돋아 주는 전환이 일어난다. 좁고 자기중심적인 몰두에서 벗어나 좀 더 삶 중심적인 알아차림으로 나아가는 전환 말이다. 순간에 일어나는 것에 집중할 때 그것이 우리의 가식이든, 보호하고 싶은 마음이든, 의심해 보지 않은 믿음이든, 두려움이든, 역설적으로 우리 스스로 부과한 그 경계들이 전혀 견고하지 않음을 보게 된다.

조건화의 많은 단계와 그 결과로 일어나는 괴로움을 알아차릴 때 조건화의 힘이 천천히 사라진다. 이때 우리는 좀 더 자연스러운 존재로 살게 되고 인생을 더 큰 어떤 것으로 감지하게 된다. 그리고 존재의 연결이 무엇을 의미하는지와 사랑의 더 큰 의미를 경험하고 깨닫는다. 모두 나이 듦을 자기 발견으로 향하는 길로 포용할 때 바로 경험할 수 있는 것들이다. 지금 이 현실에 진정으로 존재하면 지

금 이 순간이 일반적으로 봤을 때 전혀 달콤하지 않아도 그 달콤함
에 감사할 수 있다. 인생에 관한 어깨를 짓누르던 낡은 믿음들이 사
라지고 존재가 가벼워지며 때로 멋진 내면의 자유를 맛보게 된다.

3
의도와
포부

　자기 발견의 영적인 길을 가기 시작할 때 더 진정한 삶을 살겠다는 의도와 포부는 우리가 가진 다양한 동기 전체의 약 5퍼센트에 지나지 않을 것이다. 그리고 95퍼센트의 동기가 여전히 안전, 편안함, 건강해 보이는 것, 기쁨 등의 일반적인 것들로 채워질 것이다. 이 단계의 우리는 영적인 수행에 발만 한번 살짝 담가보는 정도이다. 명상을 했다 말았다 하다가 모임에 나가보기도 하고 리트리트retreat(장단기 은거 명상 프로그램 _ 역자 주)에 가볼지도 모르겠다. 하지만 새로운 방식으로, 진정으로 살겠다는 결심이 아직 확고하지는 않다.

　시간이 지나면서 포부가 커질지도 모른다. 특히 점점 더 나이가 들면서 즐거운 소일거리를 찾고, 도망치거나 이기려 드는 등의 그 모든 전략이 실패로 돌아가 자꾸 실망만 하게 된다면 말이다. 그 전략들이 진정한 마음의 평화를 부르지는 못한다. 그러다 때가 되면 그 전략들을 계속 추구하는 것이 얼마나 고통스러운지 깨닫는다. 계속 그렇게 살다가는 일상에의 안주와 불편함이 번갈아 오는 인생에서 벗어날 수 없을 것 같다. 그럼 우리는 자문할 수밖에 없다. "자기 발견의 포부에 불을 붙이려면 어떻게 해야 하지?" "나이 듦을 갱신의 단계로 보려면, 자연적 사원에서 살려면 결정적으로 어떻게 해야 할까?"

이 포부가 49퍼센트에서 51퍼센트가 될 때 우리는 제대로 임계점에 도달한다. 이 시점에서 시소 타기처럼 올라갔다 내려갔다 했던 영적인 노력이 마침내 안정적이고 지속적인 노력으로 정착한다. 아직은 영적인 열정과 냉정 사이를 왔다 갔다 할 때도 있지만 영적인 포부가 어쨌든 삶의 중요한 지향점으로 점점 더 자리 잡게 된다.

당신이 지금 그 시소의 어디쯤에 있는지 보자. 좀 더 진정한 삶을 살겠다는 의도가 얼마나 강한지 보는 것이다. 나이가 들수록 포부를 더 적극적으로 계발할 기회를 얻게 된다. 포부는 어느 정도 타고나는 것처럼 보이지만 계발할 수도 있는데 기본적으로 다음 두 가지를 통해 계발할 수 있다. 그 첫째가 의도intention이고 그 둘째가 주의attention이다. 의도와 주의가 바람직하게 상호작용할 때 진정성 있게 사는 것이 무엇을 의미하는지에 대한 핵심에 도달한다.

의도는 중요하다. 깊은 정신적 통찰로 존경받는 영적 지도자, 구르지예프Gurdjieff는 의도가 없다면 평생 자동 조종 장치처럼 수면 상태로 살아가는 것이나 다름없다고 했다. 의도는 마음에 중심을 잡고 가고자 열망하는 방향에 등불을 비추어준다. 모든 활동에서 우리는 우리의 의도를 자문할 수 있다. "나는 더 현재에 있고자 하는가?" "판단이나 비판을 삼가는가?" "감사하고 있는가?" "친절한 삶을 살고 있는가?"

의도는 더 현재에 살고 싶은 포부에서 나오고 또 그 포부를 먹여 살리므로 강력한 동기가 될 수 있다. 처음에는 의도가 강하지 않고 심지어 자기중심적일 수도 있다. 영원히 젊고 싶고 에너지로 넘치고 싶고 등등 무언가를 얻거나 어딘가에 도달하거나 특정한 방식으로 느끼기 위해 애쓰는 것이다. 이런 의도는 사실 진짜 포부에 의한 것이 아니라 에고 전략의 일환이다. 다행히도 이런 의도는 항상 실망을 부르게 되어 있고 역설적으로 그 실망이 우리 진짜 포부와 의도를 상기시키고 이것들에 연결해 준다.

내 스승 중 한 분과 내가 나눈 흥미로운 대화를 하나 소개해 보겠다. 나는 스승에게 친절 명상kindness meditation을 하고 있고 많은 도움이 된다고 말했다. 그랬더니 스승은 친절 명상을 하는 의도가 무엇인지, 그것으로 무엇을 하려는지 물었다. 나는 순간적으로 아무 대답도 할 수 없었는데, 나중에 친절 명상으로 내가 느끼는 방식이 아닌 다른 방식으로 내 느낌을 인위적으로 바꾸려는 의도가 있었음을 깨달았다. 그 후 조금 더 숙고한 후 나는 뭔가 듣기는 좋지만 사실 내가 친절하다고 느끼기 위한 인위적인 방법이었던 명상을, 있

는 그대로의 내 인생을 받아들이는 법을 배우고 싶다는 내 포부에
더 맞는 방식의 명상으로 바꾸었다. 내게 정말로 도움이 된 친절 명
상도 있는데 그것은 이 책 뒤에 설명해 놓았다.

　중요한 것은 어디로 가고 싶은지 분명히 보고 싶다면 그리고 그
방향으로 이어지는 길도 분명히 보고 싶다면 의도를 알아차릴 필요
가 있다는 것이다. 처음에 의도는 나의 친절 명상의 경우에서처럼
어느 정도 무의식적이다. 더 깨어난 상태로 사는 법을 배운다는 것
은 부분적으로 그런 무의식적인 의도를 의식적으로 만드는 것이고
의도를 천명해 보는 것이 도움이 된다. 상당히 직설적으로 천명해
본다. "나는 가능한 한 현재에 살기를 열망한다" "열린 마음으로 살
기를 바란다"와 같이 말이다.

　우리가 성숙할수록 우리의 의도는 우리에게 가장 중요한 것을 우
선시하여야 한다. 나는 아침에 일어나 명상을 시작하면서 내 가장
높은 포부를 드러내는 세 가지 맹세를 한다.

내 두려움의 뿌리를 보고 모든 것에 "네"라고 대답하겠습니다.
삶을 단지 있는 그대로 쉬지 않고 알아차리겠습니다.
모든 사람 안에서 신의 얼굴을 보는 것을 내 알아차림의 핵심으
로 삼겠습니다.

여기서 "신의 얼굴"의 신은 특정 종교를 염두에 둔 것이 아니며

단지 그 어떤 연결의 느낌과 우리 모두를 하나로 만들어주는 형언할 수 없는 에너지를 비유적으로 표현한 것이다. 너무 이상적으로 들릴 수 있는 맹세들이지만 내가 다 지킬 수 있을 거라 생각하고 하는 말은 아니다. 하지만 이렇게 맹세할 때 내 의도를 그날 하루 더 잘 기억할 수 있다. 여기서 우리는 의도가 목표로 변하지 않도록 주의해야 한다. 의도가 목표로 변할 때 의도는 자신을 부족한 인간으로 평가하게 만드는 또 하나의 도구가 된다. 나는 이 맹세들이 내 마음이 진정 원하는 것을 가리킨다고 믿고 있다. 그러므로 너무 숭고한 듯해도 토머스 머튼Thomas Merton의 다음 말이 위의 내 맹세들의 의미를 이해하는 데 도움이 될 듯하다. "자신과의 사이에 벌어진 심연을 건널 수 없다면 달로 여행을 간들 무슨 소용이겠는가? 그 심연을 건너는 것이 가장 중요한 여행이며 그 여행을 완수하지 못한다면 나머지는 모두 아무 소용이 없다."

이런 종류의 의도는 논리나 이성으로는 도달할 수 없다. 이런 종류의 의도는 살면서 경험하는 것에서 나오는 존재론적 선택에 더 가깝다. 예를 들어 노년의 어려움을 장애라고 보지 않고 자기 발견의 길 위의 한 구간으로 보는 것이 꼭 논리적인 입장은 아니다. 그보다는 삶에 가해지는 실질적인 영향력을 알기 때문에 채택하는 하나의 관점이다. 다시 말해 나이 듦의 어려움을 자기 발견의 길로 볼 때 우리는 기력과 체력의 상실, 변하는 외모에 대한 걱정 같은 일상의 어려움에 좀 더 주의를 보내게 된다. 그럼 그 어려움들이 육체 혹은 허영심에 대한 과도한 집착에서 자유롭게 되는 데 이용될 수 있다. 하루를 시작하기 전에, 명상하기 전에, 회의에 들어간다든지 의사를 만나러 간다든지 심지어 휴가를 간다든지 하는 새로운 활동을 시작하기 전에, 의도를 기억하는 것이 좋다. 하지만 의도대로 하지 못했다고 해서 죄책감을 느낄 필요는 없다. 반대로 의도를 너무 지나치게 의식한 나머지 매사에 너무 진지해지는 것도 좋지 않다. 의도든 맹세든 이것들은 단지 우선순위를 잊지 않는 데 필요한 것들이다.

의도는 단지 안내자이다. 의도가 없다면 구르지예프가 말했듯이 우리는 평생을 잠자는 상태로 걷는 습관적인 패턴에 자꾸 빠지게 될 것이다. 나는 어떤 영적 지도자가 쓴 "GPS 정신" 계발법에 관한 글을 읽은 적이 있다. GPS 정신이란 인생의 경로를 잘 따라가고 어디로 빠지면 괜히 돌아가게 되는지 아는 데 도움이 되는 정신이다. 분명한 의도를 따라갈 때 우리는 자신이 생각하는 최고의 가치에 가장 부합하는 선택을 할 수 있다. 어쩔 수 없이 돌아가야 할 때도 GPS 정신이 지금 멈추고 무엇을 하고 있는지 보라고 한다. 그리고 경로로 다시 돌아가려면 어떻게 해야 하는지도 알려준다. 그 방법은 어쩌면 심호흡 몇 번 하는 것만큼 단순할 수도 있다.

그런데 의도가 중요하기는 하지만 그것만으로는 부족하다. 당신도 이미 알겠지만 단지 원한다고 해서 더 현재에 살게 되지는 않는다. 의도가 결실로 이어지려면 필요한 노력을 해야 한다. 이 말은 주의를 집중하려고 노력해야 한다는 뜻이다. 다시 말해 현재 순간의 경험을 알아차려야 한다. 이것이 의도한 것을 실제 현실로 만드는 가장 중요한 방법이다. 알아차림을 연습하는 방법은 굉장히 다양하다. 호흡에 주의를 집중하는 좁고 농축된 방법이 있는가 하면 어떤 일이 일어나든 그것에 주의를 집중하는 좀 더 열린 방법도 있다. 그리고 친절함 혹은 감사하는 마음 같은 특성들에 집중하는 방법도 있다.

모든 주의집중이 깨어 있는 삶을 의미하지는 않음을 알아야 한다. 주의를 집중하는 것은 그 집중하는 대상이 우리가 생각하기에 인생에서 가장 중요한 것일 때만 영적인 수행이 된다. 목수로 일할 때 원형 톱날로 작업할 때면 나는 굉장한 집중력을 발휘했다. 건물 높은 곳에서 일할 때도 그랬다. 하지만 그것은 과제나 운동에 집중할 때처럼 좁은 의미에서의 주의집중이었다. 그 자체도 그렇게 하지 않으면 죽거나 다칠 수 있으니 나름대로 가치 있는 일이었지만 그것은 단순한 주의집중이었고, 그곳에 더 깨어난 상태로 살고 특정 결과에 집착하지 않고 자유롭게 살고자 하는 의도는 없었다. 자신이 가장 소중하게 생각하는 가치를 추구하며 살고자 하는 의도의 하나로 기꺼이 주의를 집중할 때, 그러면 그럴수록 깨어나 진정으로 살고, 친절과 사랑으로 살고자 하는 결심이 더 깊어진다.

진지하게 영적인 삶을 사는 것 같아도 우리 시간의 대부분을, 심지어 기도하고 명상하는 시간조차도 계획, 걱정, 대화, 무의미한 공상 같은 것들로 산만해지기를 선택한다. 다시 현재로 돌아가 제대로 살 노력조차 하지 않는 자신이 어느 시점이 되면 분명하게 보일 것이다. 인내심을 갖고 현재에 일어나는 일에 주의를 집중해야 한다는 가르침을 거듭 받을 때조차 그렇다. 하지만 도대체 얼마나 자주 그렇게 주의를 집중해야 하는가? 우리는 가끔 호흡을 알아차리고 생각을 알아차릴 뿐이다. 하지만 실제로 일어나는 일에 계속 주의를 집중하겠다고 거듭 결심해야 한다. 그리고 주의를 집중하는 사이사이의 산만해지는 순간들을 알아차릴 때 자신을 평가하지 말고 단지 어디에서 붙잡혔는지 보고 다시 알아차리기 시작하면 된다.

이것은 이상에 가깝고 불가능한 임무처럼 들릴 수도 있지만 자신의 길에 발만 담그기보다 정말 진지하게 그 길을 가고자 한다면 우리 다양한 자기중심적인 집착, 견해, 중독적인 패턴, 비난, 변덕들을 포기할 준비가 되어야 한다. 편안하기 위해 집착하는 자기기만도 포기해야 한다. 다 통제할 수 있고 자신이 특별하다는 망상 혹은 우리가 분리된 자아들이며 주변의 모든 것에서 독립되어 있다는 망상도 포기해야 한다. 하지만 제일 먼저 영원히 살 거라는 망상부터 포기해야 한다.

실제로 시간이 그리 많지 않음을 깨달을 때 우리는 자연스럽게 어떤 가치가 더 시급한지 생각하게 된다. 이때 가능한 한 자주 그리고 오래 현재에 있겠다고 결심하기가 조금은 수월해진다. 때로 나이 둚의 과정이 우리를 나약하고 의기소침하게 만들 수도 있지만 현재에 존재한다면 우리 존재 자체에 대한 더 큰 경험을 할 수 있다. 에고의 욕망만 따르느라 혹은 불쾌할 것 같은 것들을 피하느라 결코 경험해 보지 못했던 깊은 평정심을 경험할 수 있다.

요약__ 깨어나 진정으로 살겠다는 의도로 시작한다. 적당한 노력으로 천천히 그 의도를 다듬고 확장한다. 그러다 보면 어디로 가고 싶은지, 그곳에 가려면 어떻게 해야 하는지가 점점 분명해진다. 이때 우리는 현재, 바로 지금 실제로 일어나는 일에 주의를 집중하기 시작한다. 처음에는 더듬더듬 주저하며 최소한으로 현재를 알아차린다. 에고(자아)는 자신이 가공해 온 믿음, 자아상, 스스로 먹여 살리는 두려움의 어두운 세상에 빛을 던지는 모든 시도에 저항한다. 흥미로운 것은 모든 방식으로 그 모습을 드러내는 자아에 열심히 집중하면 할수록 역설적으로 "자아"의 정체성이 사라진다는 것이다. 이 시점이 되면 내면에서 변화가 일어난다. 49퍼센트의 변화가 51퍼센트에 다다르고 시간을 낭비하고 싶지 않다는 포부가 인생에서 점점 더 강력한 추진력이 된다. 이것이 전환점으로 작용하여 우리는 영원히 살 거라는 망상을 진심으로 포기한다.

하지만 이런 일은 노력 없이 쉽사리 일어나지 않는다. 궁극적으로 의도를 계발하고 임무에 매진하고 현재에 존재하며 정확하게 그리고 끈기 있게 주의 집중하는 노력을 할 때 우리는 깨어나 진짜로 존재하는 삶을 살 수 있다.

이때 우리는 점차 분명히 보고, 사랑에 마음을 연다. 이것이 나이 듦을 영적인 길로 만들 때 얻을 수 있는 결실이다.

기대와 포부

기대와 포부의 차이를 모를 때 우리는 자칫하면 혼돈에 빠질 수 있다. 기대가 머리에서 일어나는 일이라면 포부는 가슴 혹은 본성에서 일어나는 일이다. 포부는 어떤 의미에서 우리 진정한 본성이 그 자체를 드러내고자 애쓰는 것이다. 도토리가 떡갈나무가 되듯이 포부는 바로 지금 온전한 우리 자신으로 거듭나려는 본능적인 움직임이다. 반면 기대는 기본적으로 야망, 결핍, 두려움의 성격을 갖고 있으므로 전혀 다른 경험이다. 포부를 위한 노력은 결과에 휘둘리는 노력이 아니라 더 진정한 삶을 살겠다는 내면의 충동에 의한 노력이므로 더 온화하다.

사람은 누구나 기대한다. 영적인 길을 추구하며 얻을 것에 대한 기대도 기대이기는 마찬가지이다. 이런 기대는 주로 마음이 평화롭고 고요해지기를 바라는 기대이다. 수년 동안 나는 불안과 두려움에서 벗어나고 싶다는 바람으로 살았다. 이것도 기대이다. 결국 그렇게 되지 못한다면 무엇 때문에 명상하겠는가? 나이 듦과 관련해 당신은 무엇을 기대하고 있는지 깊이 생각해 보라. 매우 가치 있는 일이 될 것이다. 당신은 모든 것이 지금처럼 유지되기를 기대하는가? 아니면 병들지 않고 심지어 "늙지도", 죽지도 않기를 기대하는가?

물론 인간이니까 기대도 하는 것이고 이것이 문제될 건 없다. 그런 사실을 결국 제대로 볼 수만 있다면 말이다. 문제는 기대가 단지 바라는 것이 아니라 요구할 때이다. 삶이 혹은 사람이 어때야 한다고 주장할 때 우리는 대개 괴로워질 수밖에 없다. 예를 들어 우리는 우리 몸이 대체로 건강하게 유지될 거라 기대한다. 그것이 기대가 아니라 요구에 가까워지면 매우 강력한 감정적 풍미가 추가된다. 그러므로 우리의 다양한 요구와 주장들을 조금씩 알아차리고 해결해 나가는 것이 나이 듦의 영적인 길에서 꼭 필요한 부분이다.

그런데 때로는 우리를 움직이는 것이 정확하게 무엇인지 말하기 어려울 때도 있다. 자신을 움직이는 것이 자유를 향한 포부라고 믿지만, 사실은 어려움을 제거해 기분 좋고 싶은 기대를 충족시키려는 것일 수도 있다. 사실 우리를 움직이는 것이 그 둘 모두인 경우가 더 많다. 포부와 기대는 쉽게 서로 얽히고설켜 구분하기가 쉽지 않다. 중요한 힌트라고 한다면 기대로 움직일 때는 거의 항상 육체적으로 긴장하고 휘둘린다는 느낌이 들고 결국에는 실망하게 된다는 점이다. 기본적으로 기대는 있는 그대로의 인생이 아니라 우리가 바라는 인생이기 때문이다.

어떤 기대에 갇혀 있는지 잘 인식하는 것이 중요하다. 혹은 자신의 인생이 어떠해야 한다는 특권 의식은 없는지 살펴야 한다. 이 책을 읽으면서 가만히 앉아 당신의 기대에 대해 생각해 보기 바란다. 무엇을 기대하는지 알기 위해 바로 지금 자신에게 이렇게 물어보라. "나는 이 모든 일이 어때야 한다고 생각하는가?" 당신은 즐겁고만 싶은가(내 생각에 그렇지는 않을 것 같다!)? 상황이 어떻게 될지 미리 잘 알고 싶은가? 영감을 받고 싶은가? 아니면 너무 많이 불안하지도 슬퍼하지도 않고 큰 어려움 없이 나이 들 마법의 해법을 찾고 싶은가?

이 모든 기대는 (그리고 다른 수많은 기대도) 실망을 부른다. 하지만 이 사실을 우리는 이제 다 알고 있으니 실망할 때마다 더 깊이 들어가 어떤 기대에 갇혀 있는지 볼 수 있다. 그다음에는 어떻게 해야 할까? 그냥 멈추고 지금 일어나는 일에 집중한다. 지금 일어나는 감정, 육체적 감각, 좌절을 있는 그대로 보면 된다. 자기 발견의 길에서는 우리 쟁반 위에 놓인 것이 무엇이든 그것에 집중하는 것만이 더 깊이 들어갈 수 있는 유일한 길이다. 그리고 평정심을 경험할 유일한 길이기도 하다(평정심은 바로 지금 경험하는 것을 판단 없이 있는 그대로 바라보는 것이다). 그것이 실망일 수도 있고 불안일 수도 있고 우울일 수도 있고 수만 가지 다른 무엇일 수도 있다. 평정심은 이런 감정들이 없다는 뜻이 아니다. 다만 그것들이 나쁘다거나 사라지게 해야 한다고 판단하지 않고 그것들과 함께한다는 뜻이다. 불가능한 꿈처럼 들릴지 모르지만, 우리 삶을 위해 우리가 마음속 깊은 곳에서 가장 바라는 것이 정확하게 그렇다.

명상하기 위해 앉을 때 때로 나는 수십 년 전 명상을 시작하면서부터 내가 항상 가장 절실히 원했던 것이 바로 온전히 알아차리며 사는 것임을 깨닫는다. 이것은 무엇보다 친절, 감사, 사랑으로 사는 삶이기도 하다. 이것이 나의 포부이고 나에게는 이것이 가장 진정성 있는 삶이다. 어딘가에 도달하고 다른 사람이 되는 것은 중요하지 않다. 중요한 것은 진정한 우리 자신이 되는 것이다. 나만의 나이 듦의 길 위에서 인생이라는 자연적 사원에서 살아가려 애쓰면서 이 포부를 심화하고 이 포부를 안내자로 삼고 추진력으로 삼아 나아가는 것이 나에게는 가장 중요하다.

안타깝게도 기대가 커지면 포부가 쪼그라드는 것 같다. 에고의 작은 마음은 주로 편안함과 안전에 대한 욕망 속에서 자신이 원하는 것을 원하며, 여전히 들어주기를 바라는 포부의 작고 부드러운 목소리를 시끄러운 목소리로 눌러버린다. 하지만 시간이 지나가면, 그러니까 내면을 고요히 하고 가슴을 여는 법(이 책 뒤에서 이 방법들을 탐구해 볼 것이다)을 배우다 보면 포부의 더 깊고 설득력 있는 메시지들을 듣게 될 것이다. 영적인 길에서 더 깨어난 상태로 살고자 하는 우리의 일부를 계속해서 지지하는 것은 아주 중요한 일이다. 명상이든 리트리트든 기도든 독서든 자연을 만끽하는 것이든 우리 심금을 가장 깊이 건드리는 일을 하면서 포부에 자양분을 공급할 수 있다. 가장 깊고 가장 만족스러운 수준의 진정한 삶이 무엇인지 깨닫게 하는(온전히 현재에 살겠다는) 우리의 포부 말이다.

인생에 변화가 급작스럽게 찾아오거나 심각한 병에 걸릴 때 우리는 자신의 포부와 의도를 깊이 들여다볼 수밖에 없다. 그런 상황이라면 더 이상 자동 조종 장치처럼 살아갈 시간이 없음을 정확히 이해한다. 남은 인생을 어떻게 살고 싶은지 제대로 생각해 보게 된다. 끝내지 않고 떠나고 싶지는 않은 일들이 있음을 깨닫는다. 정말 사랑하는 사람들과 정직하게 소통하고 싶어진다. 단지 해야 한다고 생각해서 했던 일들은 그만두고 싶다. 그리고 기도하고 명상하면서 혹은 가능하다면 자연에서 더 많은 시간을 보내고 싶다. 모두 분명한 의도와 결심이 전제되어야 하는 것들이다.

진정한 변화를 원한다면 시간이 얼마나 남았든 철저히 한 방향으로 나아갈 필요가 있다. 곤란을 극복하는 데에는 힘이 들지만 잘 알다시피 극복하지 않고 버티는 게 더 힘들다. 무엇 때문에 괴롭든 현재 상황이 어떻든 원래의 포부를 잊지 않는 것이 중요하다. 포부가 때로는 약해진다. 심지어 완전히 잊어버릴 때도 있다. 하지만 진정으로 용기 있는 사람이라면 계속해서 다시 온 마음을 다해 포부를 품을 것이다. 이런 종류의 끈기가 없다면 비좁은 마음의 패턴을 극복하기가 쉽지 않다. 우리에게 너무도 많은 괴로움을 안겨주는 바로 그 비좁은 마음 말이다. 니체는 《짜라투스트라는 이렇게 말했다》에서 "오늘 너의 용기와 희망은 여전히 견고하다. 하지만 … 너에게 소중한 것 같은 것이 더 이상 보이지 않고 너에게 하찮은 것이 너무 가깝게 다가올 날이 올 것이다 … 그리고 너는 울부짖을 것이다. '다 틀렸어!'라며 외로움을 죽이고 싶다는 감정이 올라올 것이다. 그렇게 하지 못하면 그 감정 자체가 죽어야 한다."

신장암 수술을 받은 후 지난 몇 년 동안 내 인생은 마치 롤러코스터를 타는 것 같았다. 나는 모든 것이 통제 가능하다는 기대 속에 사로잡혔다가 통제할 수 있는 게 거의 없음을 확연히 깨닫고 좌절하기를 반복했다. 하지만 덕분에 깨어남으로 향한 길을 걸어보자는 내 포부를 더 잘 기억할 수 있었다. 때로 육체적 불편함이 참을 수 없을 정도가 되면 혹은 도저히 끝날 것 같지 않으면 모든 것이 곧 좋아질 거라는 기대를 거두기가 극도로 어려웠다. 하지만 힘들어도 그 힘듦에 압도당하지 않은 때도 분명히 있었고 그럴 때면 나는 고통에 "안녕"이라고 인사하며 고통을 내 여행의 친숙한 동반자로 받아들일 수 있었다. 그것은 고통을 더 이상 적으로 보지 않고 가벼운 친구로 보는 나만의 방식이었다.

그것은 일종의 포부에 의한 행위였고 많은 경우 상당한 평정심을 불러왔다. 하지만 평정심을 찾을 수 없었던 순간들도 있었고 그것은 곧 내 포부의 깊이를 시험하는 시간이었다. 인생이 힘들 때 그러니까 객관적으로도 힘든 게 분명할 때, 아무리 노력해도 조금도 안도할 수 없을 때, 의심의 비좁은 마음에 빠지고 용기를 잃기는 너무도 쉽다. 누구의 인생이든 세찬 바람이 몰아칠 때가 있다. 어느 시점이 되면 나이 듦에 따라오는 만성 혹은 급성 질환이 세상에서 가장 강한 사람의 기세조차 꺾어놓는다. 당신도 어쩌면 경험했을지 모른다. 불확실성과 불안정의 그 객관적인 무게에 짓눌리면 어떻게 모든 것을 포기하고 싶어지는지.

하지만 어쨌든 버티는 것도 고려해 보기 바란다. 아무것도 통제할 수 없어도 기꺼운 마음으로 계속 가볼 수 있음을 알게 되길 바란다. 이것이 이 길에서 매우 흥미로운 지점이다. 그리고 나에게 그랬듯이 때로 모든 것이 희미해질 때도 있다. 하지만 나는 다시 호흡으로 돌아가는 것이, 그리고 내 접시 위에 무엇이 놓여 있든 그것이 나를 어디로 데리고 가든 그것에게 "안녕"이라고 말하는 것이 거의 언제나 가능함도 알게 되었다.

4
명상과
깊은 이완

나이 들어서 굉장히 멋진 점 중의 하나가 어떤 상황에 있든 단지 존재하는 것이 주는 내면의 평정심을 즐기고 아무런 의무 없는 여유로운 순간이 주는 깊은 만족감을 경험할 수 있다는 것이다. 그런데 어떻게 하면 이런 만족스러운 상태에 이를 수 있을까? 이런 내면의 평정심을 경험하겠다는 우리의 포부를 실현하는 데 아마도 명상만큼 도움이 되는 것은 없을 듯하다.

명상에는 여러 방법이 있다. 마음챙김 명상이 지난 수십 년 동안 폭발적인 인기를 얻은 덕분에 마음챙김 명상이 곧 명상이라고 생각하는 사람이 많다. 하지만 이 나라에는 다양한 명상법을 가르치는 수백 개의 명상 센터들이 있다. 중요한 것은 인생의 어느 단계에 있느냐에 따라 명상의 서로 다른 측면들이 좀 더 유용할 수 있음을

이해하는 것이다. 예를 들어 나이가 들어서까지 몇 시간이나 결가
부좌結跏趺坐(부처의 좌법으로 좌선할 때 앉는 방법의 하나 _ 역자 주)를 하고
명상하고 싶지는 않을 것이다. 이런 명상은 젊고 민첩한 사람들이
좀 더 잘할 수 있다. 그리고 명상만 하면 건강해질 거라고 기대해서
도 안 된다. 명상이 매우 도움이 되기는 하지만 우리 몸의 가차 없
는 노화를 멈출 수는 없다. 어떤 종류의 명상은 분명 혈압을 낮추고
스트레스를 줄이기도 하지만 이것은 가벼운 요가나 태극권, 심지어
부드러운 음악을 들을 때도 마찬가지이다.

　두 가지 특별한 능력에 대해 알아보는 것이 명상에 대해 제대로 아
는 데 도움이 될 것이다. 다름 아니라 깊은 이완deep relaxation 능력과
현재에 존재하는 능력이다. 둘 다 중요하다. 깊은 이완은 내면의 고
요 상태로 좀 더 쉽게 들어가게 한다. 현재에 존재하기란 자신과 편
안한 상태로 지금 여기에 진정으로 존재하는 것을 말한다. 나이가
듦에 따라 육체적이든 정신적이든 불편한 상태에 자주 빠지기 때문
에 어디서든 편안함을 느낄 수 있음은 굉장한 선물이고 따라서 현
재에 존재하기는 특히 중요하다.

　이 선물을 받고 싶다면 기꺼이 노력해야 한다. 무슨 노력 말인가?
매일 혹은 최소한 일주일에 몇 번은 앉아서 명상하겠다고 결심해
야 한다. 그렇다고 괴로울 정도로 자신에게 너무 가혹해서는 안 된
다. 의자에 앉거나 필요하다면 누워서 명상한다. 처음에는 하루에
20분 정도로도 충분하다. 하지만 결실을 맺고 싶다면 할 수 있는 한

시간을 늘리고 싶을 것이다. 여기서 진짜 문제가 생긴다. 다름 아니라 당신은 남은 인생 내내 거의 매일 명상을 해야 할 것이니까 말이다! 명상은 매일 먹어야 영양을 채울 수 있는 음식 섭취 같은 것이다. 이것을 모른다면 명상이 엄청난 부담으로 다가올 것이다. 하지만 일단 명상에 익숙해지고 그 좋은 점을 느끼게 된다면 매일 제일 먼저 명상부터 하고 싶어질 것이다.

명상에 익숙한 사람이라도 스트레스가 커지면 명상이 어려워지기도 한다. 문제가 있을 때 우리 마음은 아주 바빠져서 앉아서 명상하고 싶은 마음이 전혀 들지 않기도 한다. 하지만 명상으로 발전하고 싶고 만족하고 싶다면 무슨 일이 있든 앉아서 몸과 마음을 가라앉힐 수 있어야 한다. 먼저 천천히 심호흡하며 깊이 이완하는 과정을 거치는 것이 좋다. 몸이 긴장을 풀면 결국 마음도 고요해지므로 이 과정 자체도 명상이다.

깊은 이완

깊은 이완은 기본적으로 호흡 기술로 가능하다. 호흡을 잘 이용할 때 우리 몸의 자연적인 진정 능력을 불러올 수 있다. 왜 그럴까? 우리 몸의 자율신경계는 교감신경계와 부교감신경계로 나뉜다. 교감신경계는 심한 불안, 빠른 맥박, 떨림, 공포 같은 증상들에 관여한다. 부교감신경계는 진정, 낮은 심장 박동에 관여한다. 두 신경계가 동시에 지배적일 수는 없으므로 우리는 부교감신경계의 고요한 반응을 강화하고 활발하게 해 교감신경계의 공포 반응을 제압하는 법을 연습하면 된다.

연습이 다소 필요하기는 하지만 천천히 규칙적으로 호흡할 때 우리 뇌는 그것을 모든 것이 괜찮다는 신호로 받아들이고 부교감신경계를 활성화한다. 그러면 심장 박동과 소화 기능이 진정되고 우리도 진정된다.

깊은 이완을 위해 코를 통해 천천히 공기를 들이쉬고 입을 통해 천천히 내쉰다. 중요한 것은 숨을 평소보다 천천히 좀 더 깊이, 하지만 억지스럽지 않게 쉬는 것이다. 시계를 보고 1분에 여섯 번 정도 숨을 들이쉬고 내쉬는 게 도움이 될 수 있다. 아니면 들숨과 날숨 각각에 5초 정도 소요하면 된다. 처음에는 3초 정도로 하다가 천천히 5초 정도로 시간을 늘려보자. 그렇게 숨을 천천히 쉬는 것이 불편하면 처음에는 어떤 속도든 괜찮다. 긴장을 풀 수만 있다면 말이다. 하지만 마음을 진정시키는 부교감신경계의 반응을 유도하려면 호흡을 천천히 깊게 해야 함을 잊지는 말자.

깊은 이완
명상

나는 이 명상 기술을 최면 치료사이자 숙련된 명상가인 지넷 퍼킨스Jeanette Perkins에게서 배웠다. 몇 년 전 신장암 수술을 준비하면서 이 명상법을 이용하기 시작했는데 매우 도움이 되어서 그때부터 지금까지 매일 수련하고 있다.

이것은 기본적으로 심호흡법인데 하루에 한 번, 적어도 2주에서 3주 정도 실천해 보기를 바란다. 그래야 부교감신경의 진정 반응을 활성화하는 능력을 어느 정도 계발할 수 있다.

먼저, 당신이 사랑하는 사람이나 사랑하는 무언가를 떠올리며 긍정적이고 열린 마음 상태를 만든다.

눈을 감고 속으로 "진정하자Relax"라고 말하며 천천히 코로 숨을 깊이 들이쉬고 입으로 내쉬는 것을 다섯 번 반복한다. 숨을 내쉴 때는 온몸의 긴장을 내보낸다고 생각한다. 그렇게 몸을 편하게 한다.

숫자 50에서 호흡을 시작한다. 한 번 호흡을 끝낼 때마다 거꾸로 세며 1까지 내려간다. 숫자는 숨을 내쉴 때만 센다.

1분에 들숨과 날숨 한 세트를 여섯 번 할 정도로 혹은 들숨과 날

숨을 각각 5초 정도 길게 유지할 정도로 천천히 단계적으로 호흡을 늦춘다.

공기가 코로 들어가는 것을 감지한다. 그다음 가슴의 느낌을 감지한다. 그다음 배의 느낌을 감지한다. 들이쉬고 내쉴 때마다 공기가 배를 부드럽게 마사지하게 한다.

생각이 떠오르면 "통화 중 대기" 상태로 두고 호흡을 통한 몸의 움직임들을 계속 집중해서 알아차린다.

숨을 쉰다는 게 실제로 어떤 느낌인지 느껴본다.

숨을 깊이 들이쉴 때 오는 기쁨을 느낀다. 숨을 내쉴 때 찾아오는 편안함을 느낀다.

어디까지 셌는지 모르겠다면 기억나는 마지막 숫자로 돌아간다.

50에서 1까지 다 세었다면 다음과 같이 다섯 번 말하며 심호흡과 부교감신경의 진정 반응 사이의 관계를 공고히 한다. "50에서 1까지 세면 나는 고요해지고 편안해지고 현재에 존재한다."

마지막으로 고요하고 편안한 몸의 상태를 확인하고 느낀다.

부교감신경의 진정 반응을 즉각 활성화하는 능력을 계발하려면 이 명상을 2주에서 3주 정도 매일 해야 할 것이다. 이 명상에 익숙해지면 불안하거나 긴장을 느낄 때마다 심호흡하며 50부터 거꾸로 세기 시작하라. 그러다 보면 부교감신경의 진정 반응이 활성화되기 때문에 불안의 수위가 대체로 떨어질 것이다. 이런 이유에서 깊은 이완 명상법은 언제 어디서나 매우 유용한 도구이다. 내면의 안정적인 상태를 증진하므로 그 자체로 훌륭한 명상이다.

명상

이완하는 능력을 계발했다면 알아차림 명상에 좀 더 쉽게 접근할 수 있다. 명상법은 매우 다양하지만 제대로 된 명상법이라면 모두 공통으로 갖는 핵심이 있다. "명상하려 앉았을 때는 조용하고 고요한 마음이 우리의 의도가 되어야 한다." 몸과 마음이 안정되면 긴장이 풀리고 고요해지는데 때로는 계속 긴장되고 마음이 소란할 수도 있다. 어느 쪽이든 무엇이 다가오든 그것을 알아차리며 그것과 함께하는 능력을 키우는 것이 중요하다. 핵심은 몸과 마음의 변화 상태에 주의를 온전히 집중하는 것이다. 이것이 명상하면서 가장 어려운 점 중의 하나이다. 무엇이 다가오든 그것을 항상 알아차리는 법을 배우는 것 말이다. 굉장한 결심이 필요한 일이지만 대체로 처음에 힘든 일이 결과적으로는 우리에게 좋은 일이지 않은가? 그리고 어렵긴 해도 지금 일어나고 있는 일에 머무는 내면의 능력은 언제나 계발할 수 있다. 단지 연습이 조금 필요할 뿐이다. 원치 않는 일이 일어나 괴로운 중에는 특히 더 그렇다.

젊고 건강할 때는 이런저런 오락거리로 도망치며 불편한 상태를 피했다. 하지만 무엇이 문제인지도 모르고 그런 습관을 고수하면, 늙어감에 따라 점점 더 불행해질 것이다. 왜냐하면 불편한 상태를 잊는 도구로 삼았던 많은 일을 이제 더 이상 할 수 없고, 점점 늘어나는 불편과 상실에 직면해야 할 것이기 때문이다. 솔직히 말하면 명상을 처음 시작할 때는 명상이 몸과 마음에 일어나는 일들을 모두 환영하고 옆에 머무르게 하는 일이라고는 상상도 하지 못할 것이다! 우리는 기초를 거치지 않고 대학원에서부터 시작하기를 바란다.

고요하고 침묵하는 가운데 관찰에 집중하는, 조용하지만 적극적인 과정으로 명상을 시작한다. 내면의 침묵은 생각이 전혀 없는 상태나 생각을 제거하려고 애쓸 때가 아니라 단지 현재에 존재할 때 저절로 찾아오는 결실 같은 것이다. 다시 말해 명상에서 침묵은 순간을 정확히 있는 그대로 경험하는 것이다. 그게 머릿속 수다든 다른 무엇이든.

명상 초기 단계에는 머릿속에서 일어나는 엄청난 평가와 저항과 지루함을 겪고 거듭 충격받을지도 모른다. 머릿속에서 햄스터 한 마리가 쉴 새 없이 쳇바퀴를 돌리고 있는 것 같다. 그런데 명상은 그 모든 것을 분석 혹은 평가하지 않고 흥미와 호기심을 갖고 관찰하는 것이다. 생각이 꼬리에 꼬리를 물며 쳇바퀴를 돌릴 때도 몸에서 일어나는 일들을 경험할 수 있다. 머릿속이 고요하면 몸도 고요하다. 머릿속이 흥분 상태면 몸도 그렇다. 머릿속이 바쁘면 지금 어떤 생각이 일어나고 있는지 관찰한다. 이것이 진정 우리에게 힘을 실어준다. 고요한 가운데 순간을 관찰하는 것에는 필연적으로 만족감을 주는 무언가가 있다.

명상 도중 일어나는 생각과 감정들을 일종의 스승으로 보는 자세가 만약 그럴 수 있다면 도움이 될 것이다. 명상 도중 일어나는 생각과 감정들을 그것과 내전이라도 벌이듯 덤벼들지 않고 자신에 대해 배우는 데 이용할 수 있다. 생각 혹은 경험을 바꾸려 하거나 그것과 싸우려 할 때 굉장한 에너지가 소모되고 결국 명상에 실패했다고 믿게 된다.

그렇게 믿게 된다면 그런 부정적인 판단이 드는 이유가 명상이라는 간단한 행위에 자신이 무언가를 추가했기 때문임을 알아야 한다. 예를 들어 명상을 통해 더 명확하게 보기를, 더 고요해지기를, 더 영적으로 되기를, 혹은 그 모든 것을 다 기대했고 그 모든 일이 빨리 일어날수록 좋다고 기대했기 때문에 실망했을 수 있다. 그럴 때는 간단한 명상 과정에 그 기대들을 우리가 추가한 것임을 단지 알아차려야 한다. 그렇게 알아차린다고 해서 그 기대들이 그 즉시 사라지지는 않겠지만 말이다. 우리의 모든 평가도 마찬가지이다. 실패라고 내리는 평가 말이다. 이제 그 평가들을 단지 그 순간 우리 내면 풍경의 일부로 볼 수 있다. 그리고 그렇게 볼 때 우리가 가진 이상들과 스스로 생각하는 결점들의 많은 층이 벗겨진다.

명상은 어떻게 보면 단순한 시선으로 자신을 보는 것이고 그렇게 몇 년을 보다 보면 아주 견고한 자아처럼 보이던 자신이 사실은 변하지 않는 유일한 것이기보다 많은 자아의 혼합체임을 알게 된다. 그 자아들은 어느 정도 텔레비전 채널들과 비슷하다. 드라마 채널, 예능 채널, 역사 채널, 재테크 채널 등등. 그 모든 자아가 지금 이 순간 실제로 벌어지는 일을 보지 못하게 한다. 그 많은 자아가 무대를 장악할 때 서로 상충하는 내면의 동기들 때문에 고투하는 모습을 관찰하는 것이 우리가 할 수 있는 일이다. 예를 들어 우리는 더 이상 믿지도 않는 자기 이미지를 유지하는 것으로 자신을 증명하고 싶어 한다. 이를테면 몸이 더 이상 허락하지 않음에도 튼튼하고 강해 보여야 한다고 믿을 수 있는데 이것이 우리가 기억하고 집착하는 "나"와 지금 현실의 "나" 사이의 갈등으로 이어질 수 있다. 명상하면서 우리는 그렇게 그 둘 사이를 왔다 갔다 하는 머릿속을 그것과 동시에 일어나는 몸의 동요와 함께 관찰할 수 있다.

평가하거나 바꾸려는 마음 없이 그 모든 것과 함께하는 법을 배우는 것이 가장 중요하다. 우리는 우리 행동을 바꾸려고 명상하는 것이 아니다. 지금 있는 그대로의 자신에 대한 연민을 높이는 법을

배우려고 명상하는 것이다. 대개 자신을 바꾸려고 할 때 역설적으로 불행에 갇히게 된다. 명상에서 "알아차릴 때 치유된다"라는 말은 진리이다. 따라서 우리가 붙잡고 있는 많은 습관과 자기 이미지들을 보고 그것들이 몸에서 어떤 식으로 발현되는지 보는 것이 해결책이다. 진정한 연민이 처음에는 좀처럼 일어나지 않아도 자신과 타인에 대해 평가하기를 계속 삼가다 보면 언젠가는 생기기 시작할 것이다.

자신을 개선하려 애쓰기를 그만둘 때 받을 수 있는 놀라운 선물 중의 하나가 마음의 여유이다. 자신의 몸과 마음 안에서 편안함을 느끼는 것이다. 자신과 편안해지기란 쉽지 않다. 특히 생활 패턴이 정신없이 바쁠 때는 더 그렇다. 나이 듦에 따라 에너지가 줄어들기 때문에 그때그때 어려움이 닥칠 수 있다. 혹은 무릎이나 허리 수술 후 회복 중일 때면 마음처럼 움직일 수 없으니 화가 치밀기도 한다. 방해 없이 고요한 가운데 명상할 때 그런 화가 심지어 더 커질 수도 있다. 처음에는 그 상태가 매우 소란스럽게 느껴질 테지만 명상이란 게 항상 내면의 불편함을 바라보게 하고 이것이 또 괴로움에 대한 저항력을 기르는 데 도움이 된다. 그럼 문제를 있는 그대로 보는 것이 조금은 수월해진다. 때로 불편함을 참을 수 없을 때도 있겠지만 그럴 때도 몸을 움직이지 않고 가만히 있기만 해도 불안한 마음을 조금씩 진정시키는 데 도움이 된다. 계속 바쁘게 움직이지 않아도 된다는 것을 뇌가 알기만 해도 불안한 마음이 진정된다. 이때 마음이 한결 자유로워지고 명상을 끝낼 때도 편하고 가벼운 마음으로 마치 신선한 공기를 마시듯 다시 일상으로 돌아갈 수 있다.

명상은 대체로 오르막길과 내리막길, 그리고 뜻밖의 커브 길이 이어지는 구불구불한 산길이다. 뭔가 안정되고 진정되는 것 같은 기분과 실패했다는 확신과 의기소침한 느낌이 씨줄과 날줄처럼 번갈아 이어진다. 그렇게 올라갔다 내려갔다 할 때도 우리는 그저 호흡에 의지하며 그러함을 온전히 느껴야 한다. 호흡을 충분히 느낄 수 있다면 이제 공기를 느끼고 소리를 듣고 방 안의 공간을 감지하며 주변 환경에 의지한다. 그다음 호흡과 환경을 함께 알아차린다. 그렇게 인생이 무엇을 제시하든 순간에 머물며 내외면의 여유를 유지하는 것이다.

최근에 내 명상 학생 중 한 명이 매우 갑작스럽게 인생의 길 끝에 서게 되었다. 잠시 자기만의 시간을 가진 뒤 그녀는 나에게 암이 이미 온몸으로 퍼진 상태이고 살날이 몇 주밖에 남지 않았다고 말해주었다. 충격이 컸지만 그녀는 다시 명상을 시작하며 몸과 마음의 균형을 어떻게든 찾으려고 했다. 남은 시간이 얼마 없자 그녀는 자신이 그동안 세상에 부합하고 인정받기 위해 얼마나 애써왔는지 깨달았다. 남들이 좋아하는 방식으로 살기 위해 애쓸 에너지가 더 이상 남지 않은 시점이 되자, 그녀는 자신의 자아 이미지를 유지하고 사람들의 호의를 얻기 위해 살면서 얼마나 많은 에너지를 낭비해왔는지 깨달았다.

아주 허약한 상태였지만 그녀는 호흡에 주의를 집중했고 자신이 명백하게 깨달은 것에 집중했다. 그녀는 가장 중요한 것들은 놓치기가 너무 쉬워서 타인의 기대에 따라 살려고 애쓰기도 너무 쉽다고 말했다. 인생을 되돌릴 수는 없지만, 최소한 인생의 마지막 몇 주 동안만이라도 그녀는 세상의 기대에 부응하지 못하는 두려움에서 벗어날 수 있었다. 그녀는 가족과 친구들이 보내는 굉장한 사랑의 힘을 받아들였고 자신의 사랑으로 되돌려주었다. 그녀는 나에게 명상이 준 마음의 여유가 없었다면 자신의 인생이 실제로 얼마나 좋았는지 깨닫지 못했을 거라고 말했다.

호흡과 환경을 알아차리는 상태를 조금씩 늘려갈 때 호흡과 환경 이 두 지주支柱가 되어 명상할 때든 일상생활을 할 때든 점점 더 현재에 존재할 수 있다. 이 두 지주는 강박적인 계획 짜기, 공상, 머릿속 대화, 육체적·감정적 불편함 등 무슨 일이 일어나든 그것들을 여유롭게 보게 한다. 여기서도 고요히 앉아 명상할 때 가장 중요한 것 혹은 가장 실재하는 것이 무엇인지에 대한 깊은 감각이 깨어남을 기억하는 것이 도움이 된다. 우리 알아차림을 위한 두 지주, 호흡과 환경이 그 실재 혹은 우리 모두 공유하는 존재의 미스터리 속으로 들어가는 정문이 된다. 그 미스터리, 그 침묵 속으로 들어가기 위한 최고의 방법이 고요를 유지하고 순간 안에 머무는 것이다. 처음에는 매우 어려운 일처럼 보이겠지만 자신에게 단지 존재하기를 허락할 때 예전에 늘 놓치곤 했던 평화의 감각과 접촉할 수 있다. 그러기 위해서는 활동 과잉 상태의 정신, 우리 생각과 우리가 만들어 낸 이야기들이 진정한 우리는 아님을 깨달아야 한다. 이것들은 하늘의 구름처럼 인생에서 한 번 보면 없어질 쇼 같은 것들이다.

명상의 핵심 역학dynamic은 무엇을 하기보다 단지 존재하는 것이다. 명상하다 보면 무언가를 고치거나 통제하거나 얻으려 애쓰기보다 단지 마음을 열게 된다. 명상하려고 앉을 때면 대개 머릿속이 아주 분주하고 이때 처음 드는 생각이 "무언가 잘못되었다"이다. 그럼 그 즉시 자기 평가가 이루어진다. 다시 말해 "나"의 무언가가 잘못되었다고 믿는다. 그럼 자동적으로 뭔가 해야 한다고 생각하고 그 결과 습관적으로 "새로고침" 모드로 들어간다.

하지만 대안은 있다. 명상하는 동안 무슨 일이 일어나든 육체적으로 정신적으로 어떤 느낌이 들든 그저 움직이지 말고 지금 일어나는 일을 알아차리고 받아들이면 된다. "그것이 사라지게" 할 필요는 없다. 그것이 그저 그곳에 있게 둔다. 무언가를 "사라지게 하려는" 시도는 사실 역효과를 내게 되어 있다. 대개 싫은 것을 제거하려는 것일 텐데 이해는 가지만 그럴수록 우리는 더 불행해진다.

한편 "그렇게 있게 두기"란 지금 일어나는 일을 단지 알아차리라는 말이다. 물론 단지 알아차리고 고요를 유지하고 생각과 반응을 정확히 있는 그대로 관찰하려면 적극적인 훈련이 필요하다. 하지만 그렇게 할 때 겸손해지고 심지어 유머 감각까지 되살아난다. 인생 드라마를 거듭 생산하고 습관에서 벗어나지 못하는 자신의 모습을 생생히 보다 보면 그렇게 된다. 우리는 그런 드라마와 습관들을 인생을 위해 고쳐야 하는 패턴이 아니라 단지 오래된 조건화로 인식할 수 있다. 그렇게 시간이 지나다 보면 그것들에 굳이 탐닉하지 않아도 되는 때가 온다.

"쾌활한 끈기가 성공으로 가는 열쇠이다"

명상이 사실 단순하지만 굉장히 어려울 때도 있다. 단지 "그렇게 있게 두기"를 우리 마음이 매우 주저하는 데(사실은 주저하는 것처럼 보이는 데) 따른 부작용이다. 끈기는 사실 명상에서 가장 중요한 것 중의 하나이다. 끈기는 의심이 들고 혼란스럽고 대체 애초에 왜 명상을 시작했는지 모르겠다 싶을 때 그 모든 부침을 극복하게 한다.

나는 뜻하지 않게 끈기의 속성에 대해 배웠다. 20대 중반에 나는 컴퓨터 프로그래머 일이 적성에 맞지 않아 힘들어했고 어떤 직업이 나에게 맞을지 몰라 헤매고 있었다. 그러다가 일주일 정도 어떤 사람들의 헛간 고치는 일을 도와주었는데 목수 일에 대해 전혀 몰랐음에도 목수가 되어야겠다고 확신했다. 내 배경을 고려할 때 그런 깨달음은 전혀 뜻밖이었다. 나는 기술도 없었을뿐더러 아주 허약했다(내 기억으로 당시 나는 54킬로그램 정도였다).

그때 누군가로부터 중국 고대의 지혜가 담긴 책, 《주역》을 건네

받았다. 《주역》은 길을 물을 때 사용하는 책이기도 해서 나는 "목수가 되려면 어떻게 해야 할까요?"라고 물었고 "쾌활한 끈기가 성공으로 가는 열쇠이다"라는 답을 들었다. 왜 그랬는지 모르겠지만 나는 실제로 그 답을 마음속에 간직하며 목수 일을 구하기 시작했다.

샌프란시스코 전역을 돌아다니며 목수 일을 구했지만 다 거절당했다. 하지만 《주역》이 준 답에 고무된 나는 계속 시도한 끝에 마침내 일을 구할 수 있었고 그 직장에서 2년을 일했다. 육체적·정신적으로 힘든 일이 많았던 시기였다. 예를 들어 콘크리트가 가득한 외바퀴 수레를 밀어야 했을 때 밀기는커녕 가만히 잡고 버티지도 못한다고 욕을 먹었다. 또 9미터나 되는 사다리를 타고 올라가 천장의 부서진 부분을 고치라는 지시도 받았는데, 고소 공포증이 있는 나에게 9미터는 정말 높게 느껴졌다. 올라가서는 손이 너무 떨려서 못을 잡고 있을 수도 없었기에 그냥 다시 내려와야 했다. 하지만 나는 "쾌활한 끈기가 성공으로 가는 열쇠이다"라는 말에 의지하며 욕을 먹는 것은 물론 힘든 일투성이였던 도제 목수로서의 훈련 기간을 통과했다.

나는 목수가 된 직후부터 명상을 배우기 시작했고 쾌활한 끈기는 이때도 굉장한 도움이 되었다. 《주역》이 나에게 준 그 답은 포춘 쿠키 속 문구와는 달랐다. 어떤 면에서 그것은 지혜로운 삶의 요체要諦처럼 보이기도 하지만 또 어떻게 보면 상당히 미묘한 표현이다. 쾌활하라니, 도대체 무슨 뜻인가? 늘 미소를 지으라는 뜻도 가식적인 평정심을 가지라는 뜻도 아니다. 이것은 기꺼이 하려는 마음이고 환영하는 경향이다. 우리는 명상 중 어려움이 생길 때 무언가 잘못됐다거나 해결책을 찾아야 한다고 생각하지 않고 가볍게 호기심을 가지고 그 일을 볼 수 있다. 지금 일어나는 일에 "오, 안 돼!"라고 하는 대신 "안녕? 너한테서 나는 뭘 배울 수 있지?"라고 묻는 것이다. 무슨 일이 일어나든 기꺼이 겪어보고 함께 해 보는 것이다.

쾌활한 끈기를 발휘하려면 자기만의 이야기 혹은 자기만의 자아 이미지를 버려야 한다. 예를 들어 명상하다 딴 생각으로 바쁜 머릿속을 볼 때도 "이건 너무 심하잖아. 난 할 수 없어" 같은 익숙한 이야기는 버려야 한다. 물론 무언가를 버리려면 먼저 그것을 알아차려야 한다. 그것이 우리의 믿음이든 감정이든, 우리가 믿고 느끼는 것을 분명히 보고 그것들을 버릴 수 있게 해준다는 점만으로도 명상은 충분히 가치 있는 활동이다. 나는 혼란과 불안 같은 특정 감정에 탐닉하기를 거듭 그만두어야 했다.

끈기란 무엇인가? 문자 그대로의 의미는 "확고히 고수하다"이다. 끈기를 발휘한다면 우리는 인생에서 괴롭거나 공포에 떨거나 얼음처럼 냉담해질 때조차 그리고 명상으로 배운 것을 모두 잊고 심지어 명상의 가치를 의심할 때조차 그 순간에 그것과 함께 머무를 수 있다. 불편해도 앉아 명상을 하게 하고 내키지 않을 때도 앉게 하고 지루하고 피곤할 때도 앉게 하는 것이 끈기이다. 끈기를 "의심쩍은 덕목"으로 보기 쉽다. 순교자처럼 혹은 자신이 특별하다고 느끼기 위해 의무를 다할 때 그렇다. 이런 "우울한 특별함" 혹은 "의무"에 빠지고 싶지 않으므로 나는 쾌활한 끈기라고 하기를 좋아한다.

때로 큰 저항이 일어날 수 있으므로 끈기는 중요하다. 현재의 순간과는 단 2초도 함께하고 싶지 않을 때도 분명히 있지 않은가? 그러므로 장기적으로 끈기를 계발하는 것은 거의 근육을 키우는 것과 같다. 끈기는 명상에서 진전을 보려면 결코 없어서는 안 되는 힘과 능력 같은 것이다. 기본적으로 끈기를 통해 우리는 명상이 혹은 인생이 일반적인 의미로 우리를 기쁘게 해야 하는 것은 아님을 배운다. 그리고 우리 자신도 계속 명상하기 위해 특정 결과를 이루어 내야 하는 것도 아니다.

"쾌활한 끈기가 성공으로 가는 열쇠이다"라는 문장에서 열쇠는 무엇을 의미하는가? 이 부분이 특히 애매한데 왜냐하면 끈기는 의무를 다하는 이상ideal을 완수하려는 시도이지 그 자체가 모든 것을 해결해 주지는 않기 때문이다. 그보다 끈기는 말 그대로 문을 열어 주는 열쇠, 다시 말해 촉매제이다. 진정한 삶으로 들어가는 입구이다. "열쇠"에는 "결정적"이라는 의미도 있는데 끈기 또한 명상에서 가장 결정적인 요소 중의 하나이다. 끈기가 없다면 명상은 시작도 할 수 없고 꽃도 피울 수 없다.

그렇다면 성공은 무엇을 의미하는가? 이 부분이 제일 어렵다. 목표에 도달하거나 하는 전통적인 의미에서의 성공은 분명 아니다. 여기서 성공은 더 이상 인생이 달라져야 한다고 생각하지 않고 더 깨어난 상태로 더 자유로운 인생을 사는 것이다. 그리고 궁극적으로는 더욱더 우리 진정한 본성의 현현顯現인 친절, 감사, 사랑으로 사는 것을 뜻한다. 쾌활한 끈기는 사실 우리의 포부를 진정한 삶의 가능성으로 바꾸는 도구이다.

앉아서 명상하는 동안 끈기는 특히 결정적인 역할을 한다. 그냥 일어서서 달아나고 싶을 때가 있으니까 말이다. 그리고 끈기는 앉아 있는 동안 기분이 오르락내리락하는 내내 그 순간과 함께하려고 애쓴다는 뜻이다. 지루할 때 쾌활한 끈기는 그냥 계속하라고 말해준다. 어떤 기분인지는 중요하지 않다. 지금 일어나고 있는 일을 정직하게 인정하고 최대한 현재에 머무르는 것이 중요하다.

졸릴 때도 마찬가지이다. 졸지 않으려고 싸우거나 그런 상태를 평가하지 말아야 한다. 자신이 나약하다거나 시간을 낭비하고 있다거나 명상을 망치고 있다고 말하는 것은 우리 비좁은 마음이고 평가하는 마음이다. 따라서 졸린 것이 어떤 느낌인지 그냥 느끼고 잘 알아차리지 못하는 상태라도 끈기 있게 버틴다. 그리고 육체적·감정적 고통에 관해서라면 쾌활한 끈기란 단지 그것들이 오게 두고 기꺼이 느끼고 기꺼이 그것들 안에 머무는 것이다. 그것들을 밀어내려거나 더 낫게 만들려 하지 않는 것이다. 무엇을 느끼고 무슨 일이 일어나든 자신이 믿고 있는 생각들을 분명히 보고 그 적나라한 것들을 진정으로 느끼고 살아보고 몸과 마음에 여유를 주는 호흡과 환경에 의지하며 단지 그렇게 두는 것이 명상이다. 그렇게 할 수 없을 것 같으면 최소한 심호흡을 세 번 할 동안만이라도 그렇게 할 수 있는지 보라. 끈기는 거기서 시작된다.

쾌활한 끈기는 "대체 왜 이러고 있는가?" 하는 의문이 들 때조차 끊임없는 노력으로 계속 명상하게 한다. 이 단계에서는 쾌활한 끈기를 통해 우리는 일상의 진창과 혼란 속에서 헤매는 우리 자신을 포기하지 않고 지켜볼 수 있다. 끈기는 또한 정확히 바로 지금 경험하는 것과 함께할 때, 바로 그때만 명상이 가능함을 알게 한다. "끈기를 갖고 순간에 머물고 순간에 투항하는 법을 배우는 것"이 명상을 평생 하는 비법이다.

나이가 들수록 우리에게 명상은 진정한 평정심으로 사는 데 중요한 도구가 된다. 단지 존재하며 고요와 침묵 안에 머무르는 법을 배울 때 아무것도 하지 않는 것이 주는 달콤함을 맛본다. 이것은 게으름이나 빈둥거림이 아니고 쾌락을 좇는 것도 아니다. 쾌락주의는 결코 채울 수 없는 갈망을 채우려는 것이므로 그 달콤함은 오래 가지 못한다. 아무것도 하지 않는 것이 주는 깊은 달콤함은 내면의 공허함이나 불만족을 채우기 위해 쾌락을 좇거나 바쁘게 움직일 때 오지 않고 인생이 제시하는 것과 우리 자신과 함께 현재에 존재할 때 온다. 사실 명상은 세상 가장 불편할 때조차 단지 존재하게 해주는 몇 안 되는 것 중의 하나이다.

과거에 관한 것이든 미래에 관한 것이든 생각 속으로 빠지지 않고 인생을 직접적, 육체적으로 경험할 때 우리는 열린 정신과 현존의 느낌에 가닿을 수 있다. 나이에 상관없이 혹은 어떤 어려움을 당하고 있는지에 상관없이 우리는 존재의 가벼움을 경험할 수 있다. 인생을 살 만한 것으로 만드는 것이 바로 이 존재의 가벼움이다.

기본 명상

가능하면 매일 같은 곳에서 명상하는 것이 가장 좋다. 정돈되고 최대한 조용한 곳이 가장 이상적이다.

매일 똑같은 시간에 명상하는 것이 좋다. 그래야 필요한 끈기가 생기고 게을러지거나 의욕이 없을 때도 어쨌든 앉게 된다.

작은 제단祭壇을 만드는 것이 도움이 된다는 사람이 많다. 초나 향을 피우는 것이 포부를 상기하는 데 좋다. 제단에 정신을 고취하는 사진이나 인용구를 올려놓는 것도 좋다.

매일 명상하는 것이 가장 이상적이다. 최소한 일주일에 서너 번은 앉아 명상한다. 명상이 처음이라면 15분 정도면 충분하지만 명상의 가치를 제대로 경험하고 싶다면 30분까지 조금씩 늘려가기를 권한다(더 오래 하는 것도 나쁘지 않다).

방석이나 의자에 앉을 때 등을 편안하게 펴고 앉는 것이 도움이 된다. 등을 편 상태로 명상하면 정신도 기민한 채로 유지된다. 그리고 등이 편안해야 불필요한 압박감을 피할 수 있다. 명상을 누워서 해야 하는 상태라면 몸과 마음의 안정을 위해 가능한 한 움직이지 않도록 한다.

눈은 떠도 되고 감아도 된다. 하지만 졸리다면 잠들지 않도록 눈을 뜨는 것이 좋다. 잠이 들면 편안할 수는 있겠지만 깨어 있는 상태에서 알아차리는 것이 명상의 핵심이므로 바람직하지는 않다.

몇 번 천천히 심호흡하며 몸의 변화를 알아차리는 것으로 시작한다.

그다음, 호흡에 주의를 집중하며 몸과 마음을 진정시킨다. 숨을 들이쉬고 내쉴 때 가슴 중심에 주의를 집중하면서 구체적인 감각들을 느껴본다. 가능한 한 오래 호흡이 주는 육체적 경험을 느껴본다. 동시에 생각, 공상, 계획 같은 것에 주의를 빼앗기는 경향도 알아차린다.

한 번 명상할 때마다 수백 번 다른 생각을 하게 될 것이다. 이것은 매우 인간적인 것이고 누구나 그러하므로 그런 자신을 나쁜 명상가라고 비난할 필요는 없다. 대신에 산만해질 때마다 다시 호흡이 주는 육체적 감각으로 돌아와야 한다.

중급 명상

명상을 시작한 지 얼마 되지 않았을 때는 앉아 있는 내내 호흡을 따라가는 것이 좋다. 하지만 몸과 마음이 안정되기 시작하면 소리나 공기의 질감 같은 주변 환경에서 느껴지는 것과 몸의 다른 곳에서 느껴지는 감각으로 알아차림을 확장하는 것이 좋다. 단지 호흡만 집중적으로 알아차리는 것에서 좀 더 넓게 알아차리는 단계로 나아가는 것이다. 이것은 일상에서도 좀 더 많이 알아차리기 위함이다.

생각은 분명 계속 일어날 테니 생각을 알아차리고 "통화 중 대기" 상태로 두면서 생각이 제멋대로 활개 치지 않게 하는 것이 중요하다. 그다음 다시 호흡과 환경에서 입력되는 것들을 알아차리는 일로 돌아온다.

생각에 빠져 있는 자신이 보이면 최소한 들숨과 날숨 한 세트를 세 번 반복하는 시간이라도 그 순간에 존재하겠다는 의도를 내는 것이 도움이 된다. 그 첫 호흡은 호흡 자체를 다시 알아차리는 데 쓴다. 그 두 번째 호흡은 환경을 다시 알아차리는 데 쓴다. 그리고 그 세 번째 호흡은 호흡과 환경을 함께 다시 알아차리는 데 쓴다. 명상하는 동안 이 세 차례의 호흡을 열 번 넘게 반복해야 할지라도 결국에는 호흡과 환경을 같이 알아차리는 것이 당신 명상의 기반을 형성하게 될 것이다.

강력한 감정이 일어나 주의를 빼앗긴다면 그것들을 무시하거나 외면하려 하지 말고 그 감정의 물리적 질감을 알아차리고 호흡과 환경을 알아차리는 더 큰 그릇 속에 포함한다. 이 부분은 다음 장들에서 나이가 듦에 따라 더 커지는 불안, 상실, 무력, 육체적 고통 등 여러 실질적인 어려움을 어떻게 극복할지 살펴보면서 더 자세히 알아보려 한다.

명상을 배우는 학생들은 집중하지 못하거나 언짢은 기분이 들곤 하면 명상이 좋지 않았다고 판단해 버린다. 이런 함정에 빠지지 말라! 사실 명상이 주는 가장 좋은 점은 어떤 느낌과 평가가 일어나든 끈기 있게 계속하는 것에서 나온다. 다시 말해 끈기 있게 계속하다 보면 결국 배우게 되고 안정을 찾게 된다. 그리고 매일 하는 명상을 통해 계발된 평정심과 현재에 존재함이 조금씩 명상하지 않는 시간에도 지속되기 시작한다.

깊이 이완하고 현재에 존재하는 법을 배우면서 명상의 좋은 점들을 경험하기 시작하면 대개 자연적 사원의 삶의 일부로 명상을 가장 우선시하고 싶어진다. 게으름을 피우고 싶어 명상하고 싶지 않은 날도 있고 단지 기분 전환 삼아 명상을 건너뛰고 싶은 날도 있을 것이다. 그래도 시간이 영원하지 않음을 이해하게 되면, 포부에 더 집중하며 자신이 생각하기에 가장 중요한 일을 하면서 일상을 보내기 시작할 것이다.

명상하면 할수록 우리는 외부적인 환경이 어떻게 변하든 내면의 평정심을 점점 더 많이 경험한다. 그렇게 명상은 자신의 가치를 입증한다. 그리고 우리는 나이가 들수록 우리 자신과 주변 환경과 함께 진정으로 편안해지는 것이 주는 결실을 점점 더 즐길 수 있게 된다. 무슨 일이 일어나든 상관없이 말이다.

Part

II

어려움 다루기

5
두려움과
우울

불안, 두려움, 우울은 인생 전반에 걸쳐 크고 작게 찾아오지만 나이가 들면 극복하기가 더 어려워진다. 몸이 아프면 나이에 상관없이 불안해지지만, 노년에는 육체가 한 단계씩 쇠락할 때마다 공포를 포함한 더 강력한 감정적 반응이 일어나기도 한다. 하지만 우리를 가장 힘들게 하는 것은 육체적 쇠락 그 자체보다 두려움인 경우가 많다. 두려움은 언제나 어려운 감정이지만, 노년에는 "불길한 징조"처럼 느껴지기 쉽고 불행한 결말까지 상상하게 한다. 최악에 관한 상상은 잘 관리하지 않으면 만성 절망과 우울증으로 이어진다.

우리는 두렵고 우울한 상태를 "나쁜" 것으로 판단하는 데 너무 익숙해, 무언가 바로잡아야 한다는 성급한 결론에 도달해 버린다. 어쩌면 약부터 먹어서 불안이나 우울을 잡고 봐야겠다고 생각할지도 모른다. 약에 의지하는 것은 고통이 극심할 때 일시적인 해결책으로는 괜찮지만, 장기적으로 봤을 때는 문제가 된다.

약 외에도 두려움과 우울을 치료하는 효과적인 방법들이 있다. 일단 우리가 지금 상대하고 있는 것의 본성을 아는 것이 도움이 된다. 두려움의 목소리는 위험 요소로 인식되면 무엇이든 상관없이 그것에서 도망치라고 말하지만, 그 목소리에 빠져 그 말만 믿으면 두려움이 만들어내는 이른바 안전하고 비좁은 고치 세상에 갇혀버린다. 이것이 두려움이 우리를 곤란하게 만드는 이유이다. 두려움은 두려움이 드는 순간 기분이 나빠져서 곤란한 것이 아니다. 자신을 보호하고 안전을 보장한다는 명분으로, 마음을 열고 진짜 삶을 살 수 없게 만들기 때문에 곤란한 것이다. 순진하게도 우리는 두려움에서 도망치면 행복해질 거라고 믿는다. 하지만 사실은 정확히 그 반대이다. 두려움 가득한 생각은 여전히 잠재의식 속에 흐르고 있기 때문에 그것을 피하려 해도 우리는 조용히 비참해질 뿐이다.

우울의 성질과 역학을 이해하는 것도 도움이 된다. 어떤 의미에서 우울은 기분을 좋게 하고 싶은 마음이 왜곡된 형태로 드러나는 것이다. 자신을 불행하게 하는 상처, 슬픔, 두려움 같은 감정들을 우울이 무디게 해주기 때문이다. 우리는 우울해지고 싶지 않다고 말하지만 한편으로는 묻어둔 감정들이 올라와 불편해지는 것을 더무서워한다. 게다가 우울은 두려움처럼 우리로 하여금 자신을 보호하기 위해 자신과 감정 사이에 벽을 쌓게 만들기 때문에 문제가 된다. 진정으로 살아가는 대신 감정적 무딤을 받아들이게 하므로 이런 벽은 삶의 활력을 앗아 간다. 새로운 방식으로 우울을 보는 법을 배우려면 먼저 원치 않는 바로 그 감정을 포함한 모든 감정과 기꺼이 대면해야 한다.

나이가 들면 누구나 두렵고 우울한 시기를 겪는다. 이때 두려움과 우울을 새로운 방식으로 보는 법을 배울 필요가 있다. 왜냐하면 나이 듦이 건강의 악화와 공포심을 부를 수밖에 없다고 생각하고 그것이 당연한 일이라고 생각하는 문화에 의해 이 고통스러운 시기가 더 고통스러울 수도 있기 때문이다. 나이 듦을 피할 수 없는 쇠락의 과정으로 보는 기존의 부정적인 자세를 고수하면, 우울과 두려움을 불가피한 것으로 여기게 된다. 그 자체가 자기 충족적인 예언이 될 수 있다. 대안은 우리를 힘들게 하는 감정들을 자연적 사원 안에서 보는 것이다. 영적 수행의 일부로서 두려움과 우울을 다루는 법을 배우는 것도 여기에 포함된다. 나이 듦이 곧 장애라는 관점을 거부하겠다는 의사를 나타내는 것이 그 시작이 될 수 있다.

두려움을 극복하기 위해서는 먼저 실제로 무엇을 두려워하는지 분명하게 알아야 한다. 우리는 자주 무엇이 두려운지 정확히 잘 모르기 때문이다.

얼마 전 나는 네 편의 짧은 악몽을 연달아 꾸었다. 나에게는 그 의미가 아프도록 분명했기에 분석할 필요도 없는, 전형적인 두려움의 얼굴을 한 꿈들이었다. 첫 번째 꿈에서 나는 허리까지 바닷물에 들어간 채였는데, 3미터 높이의 파도가 나를 덮칠 듯했다. 그래서 해변 쪽으로 몸을 돌렸는데 그쪽에서도 9미터 높이의 파도가 나를 덮치려 했다. 그것은 분명한 공포였다. 육체적 위험, 통증에 대한 공포였고 안전이 사라질 것에 대한 공포였다.

두 번째 꿈에서 나는 어느 길모퉁이에 서서 누군가가 차를 타고 나타나 나를 데려가 주기를 기다리고 있었다. 그 사람이 정확하게 누군지는 모르겠지만 나에게 중요한 사람이었다. 그 사람은 나타나지 않았고 나는 계속 기다렸다. 주변에 개미 새끼 한 마리도 없었다. 당신도 눈치챘겠지만 버려짐, 소외, 연결이 끊어질 것에 대한 공포였다.

세 번째 꿈에서 나는 심한 두통을 해소하기 위해 작은 마사지 기계를 사용하고 있었는데 그게 갑자기 작동을 멈추었다. 고쳐보려 했는데 급기야 수천 개 조각으로 부서지고 말았다. 통제력을 상실하고 무력해질 것에 대한 공포였다.

그리고 마지막 꿈에서 나는 명상 수업을 하고 있었는데 학생들이 다들 아주 곤히 잠들어 있었다. 나는 허파가 튀어나올 정도로 소리를 질렀다. "모두 일어나!" 하지만 모두 나를 철저하게 무시했다. 무가치해지고 무능해지고 다른 사람들의 삶에 더 이상 아무런 영향도 발휘할 수 없을 것에 대한 공포였다.

어쩌다 보니 이 네 편의 꿈은 가장 보편적인 네 가지 두려움을 보여준다. 통증과 육체적 위험에 대한 두려움을 포함한 안전이 무너질 것에 대한 두려움, 죽음을 포함한 연결이 끊어지고 버려질 것에 대한 두려움, 무력해지고 통제력을 잃을 것에 대한 두려움, 무가치해질 것에 대한 두려움 말이다. 우리가 그때그때 무엇을 두려워하는지는 대체로 나의 악몽들처럼 분명하지는 않다. 불안이나 혹은 우울은 우리를 온통 둘러싸지만 그 실체는 좀처럼 볼 수 없는 안개 같다. 이 어려운 상태를 극복하려면 먼저 정말 무슨 일이 벌어지고 있는지 알아야 한다.

무언가가 막연히 두렵다면, 바로 그래서 더 두려운 것일 수도 있다. 어둠에 가려져 있는 두려움을 빛 속으로 끌어내리려면 단도직입적으로 묻는 것이 좋다. "나는 정확하게 무엇이 두려운가?" 분명한 대답이 떠오르지 않으면 나중에 다시 물어보면 된다. 그렇게 질문해 놓고 다른 할 일을 하다 보면 대답이 저절로 떠오르는 순간이 있을 것이다. 두려움이라고 이름 지어주는 것만으로도 미래에 닥칠 공포를 줄일 수 있다. 이것이 두려움을 극복하는 첫걸음이다.

가장 흔한 두려움들을 자세히 살펴보는 게 자신의 두려움을 인식하는 데 유용하다. 나이가 듦에 따라 찾아오는, 거의 보편적이라고 할 수 있는 두려움은 안전과 보안의 상실이다. 이것은 통증과 질병에 대한 두려움 또는 경제적 안전을 상실할지도 모른다는 두려움을 축으로 그 주변 궤도를 돈다. 안전은 생존에 필수이므로 위험 신호 혹은 새로운 육체적 증세가 나타나자마자 드는 두려움이 바로 이것이다. 하지만 실제로는 그렇게 위험하지 않아서 그냥 상상에 의한 두려움인 경우가 많다. 주식이 좀 떨어졌다는 이유로 평생 모은 돈을 잃을 거라고 믿는 것, 팔이 좀 이상하다고 심장 마비를 두려워하는 것, 배가 좀 아프다고 암일 거라고 단정하는 것처럼 말이다. 물론 증세가 계속되면 병원에 가서 검사를 받아봐야 한다. 하지만 이런 두려움의 성질을 제대로 보지 않으면 공포와 압박에 계속 시달리며 살아가야 할 것이다.

어릴 때 생긴 두려움은—그것을 성인이 된 후에도 계속 가지고 살아왔다면— 나이가 들었다고 저절로 사라지지는 않는다. 예를 들어 부족한 사람이 될까 봐 두려워하는 사람이 많다. 이때 우리는 그 두려움을 상쇄하는 행동 전략을 계발하기 쉽다. 더 열심히 노력하는 것이 그 전략 중 하나이다. 기본적으로 "나 자신을 증명하기 위해 열심히 노력하면 무가치해질 것에 대한 두려움을 느끼지 않아도 될 거야"라고 믿으면서 말이다. 우리는 자신의 가치를 증명하고 무슨 일이든 잘하기 위해 그리고 성과를 내기 위해 아주 열심히 노력한다. 무가치해질 것에 대한 두려움이 너무 커서 자신이 그렇게 노력 중임을 심지어 알아차리지 못할 수도 있다. 성공한 사람이라는 자아 이미지를 유지하고 강화하고 싶은 욕구가 너무 강해서 평생 자신을 기만하며 살 수도 있다.

나이가 들면 예전처럼 자신을 증명할 필요도 성과를 낼 필요도 없다. 그리고 싶어도 대개 그럴 수도 없다. 하지만 책임질 게 거의 없을 때에도 우리는 새로운 방식으로 두려움에 취약해진다. 예전에 자신을 증명했던 방식(예를 들어 생산성)들을 더 이상 쓸 수 없으므로 우리의 활동을 주도하는 두려움에서 벗어날 수 없다. 자신이 부족한 사람이 될 거라는 두려움을 제대로 살피지 않는다면 자신의 가치를 증명해야 할 것 같은 상황에 처할 때마다 두려움이 계속해서 우리를 괴롭힐 것이다. (열심히 노력하는 전략과 함께) 인정을 구하는 전략도 마찬가지이다. 인정받고 싶은 욕구는 자연스러운 것이다. 무리에 필요한 사람으로 환영받고 싶은 욕구가 있었기에 인간은 생존할 수 있었다. 하지만 자신의 불안을 감추기 위한 통제 전략의 하나로 죽을 때까지 인정을 구하고 싶지는 않을 것이다. 그럼 불행하기만 할 테니까 말이다.

내면에서부터 꼭 인식해야 하는 또 다른 두려움으로 무력감과 통제력 상실에 대한 두려움이 있다. 특히 심각한 병을 진단받거나 몸에 큰 변화가 찾아올 때 이 두려움이 커진다. 신장에 종양이 있다는 소리를 듣고 첫 충격과 멍해짐을 겪고 난 후 나에게도 내면의 혼돈과 함께 무력감이 찾아왔다. 처음에 어렴풋이 불안감을 느꼈지만, 더 깊은 수준에서 내가 정말로 느낀 것이 무엇인지는 사실 전혀 알아차리지 못하고 있었다. 내 즉각적인 반응은 무언가 조처해야 한다는 것이었다. 다른 의사의 의견을 듣거나 인터넷을 검색하는 등, 깊은 곳에 숨어 있는 공포와 두려움이 올라오지 않도록 할 수 있는 일은 다 했다. 하지만 다시 말하지만 어떤 두려움에 갇혀 있는지 명확하게 보지 않으면 그 손아귀에서 벗어나는 일은 시작조차 할 수 없다.

　사랑하는 사람을 잃을 것에 대한 두려움도 나이가 듦에 따라 점점 더 커진다. 이 두려움에는 버려질 것에 대한 두려움, 연결이 끊어질 것에 대한 두려움도 포함된다. 이 두려움은 유난히 강력하다. 부정과 분노, 특히 우울 같은 다양한 형태로 변장한 채 드러난다. 실제 자신이 느끼는 감정이 정확하게 무엇인지 알아내는 것이 어렵기는 하지만, 여기서도 그 첫걸음은 단지 "나는 정확하게 무엇이 두려운가?"라고 물어보는 것이다.

　나이 듦의 과정에 필수적인 듯 보이는 또 다른 두려움들도 있다. 사람에 따라 죽음에 대한 두려움, 특히 죽어가면서 느낄 고통과 괴로움에 대한 두려움이 가장 클 수도 있다. 정신적 기능을 잃을 것에 대한 두려움도 나이가 듦에 따라 강해지는데, 단지 누군가의 이름을 기억해 낼 수 없다는 것만으로도 이 두려움이 증폭된다. 또 어떤 사람에게는 두려움을 겪어야 하는 것 자체에 대한 두려움이 가장 크기도 하다. 두려움과 불안의 그 강렬하고 불쾌한 느낌에 대한 혐오가 커서 그럴 수도 있다. 다시 말하지만 이런 두려움들에서 벗어나고 싶다면 먼저 우리 안의 그것들을 분명히 보고 밖으로 끌어내야 한다.

　구체적으로 무엇이 두려운지 분명히 보았다면 거의 불가능할 것 같은 다음 단계로 나아가야 한다. 바로 두려움 그 자체를 내면의 성장과 자유를 위한 길로 보는 것이다. 두려움을 적으로 보는 대신 깨어나라는 알람이나 신호로 본다. 자연적 사원의 관점에서 보면 두려움은 언제나 기회이다. 어디에 갇혀 있는지, 어디서 머뭇거리고 있는지, 어디서 삶에 좀 더 마음을 열 수 있는지 보게 하는 기회이다. 두려움은 멈추고 물러서라고 말하는 에고가 자기방어용으로 지어놓은 누에고치 같은 것임을 이해해야 한다. 두려움은 우리에게 그 고치 너머로 나아가지 말라고 한다.

하지만 두려움으로 직진할 때 그것은 내면의 자유로 직진하는 것과 똑같다. 두려움으로 직진해야만 두려움의 고치를 뚫고 나갈 수 있기 때문이다. 달가운 존재는 아니지만 두려움은 제대로 가고 있음을 알려주는 최고의 지표이기도 하다. 그러니 두려움에 "오, 안 돼!"라고 반사적으로 반응하지 말고 "안녕"이라고 말해보자. 친구에게 인사하듯이 말이다. 우리는 두려움에게 "또 왔구나. 이번에는 네가 어떨지 한번 볼까?"라고 말할 수 있다. 영적 지도자 람 다스Ram Dass는 다과를 차려놓고 두려움을 초대하라고 말하곤 했다. "고통에 대한 두려움? 오, 좋지요. 한동안 소원했네요. 이번엔 어떤 일인지 궁금하네요." 두려움을 피하기보다 두려움에 다가갈 때 두려움에 사로잡히는 일이 확연히 줄어든다.

두려움이 생길 때 우리는 자동적으로 두려움에 대처하는 일이 힘들 거라고 생각한다. 저항이 일어날 테고 의욕이 사라질 거라고 믿는다. 하지만 두려움을 다르게 볼 수도 있다. 동료 명상 교사 그렉 크레치Gregg Krech는 "두려움을 해결해야 한다"라는 생각에 대한 해법으로 "두려움을 해결할 기회가 생겼다"라고 말하자고 제안한다. 두려움을 실질적으로 도움이 되는 무언가로 보는 것이다. 평정심과 자유를 느끼지 못하는 원인을 해결할 기회가 생겼다고 받아들이는 것이다. 그래서 나는 육체적 고통이 일어나면 나 자신에게 "고통을 해결할 기회가 다시 생겼다"라고 말한다. 이 말은 편안함에 대한 나의 집착, 내 몸에 대한 나의 집착, 내 우울한 생각들과 두려움에 대한 나의 집착 등, 나를 괴롭히는 모든 집착을 해결할 기회가 다시 생겼다는 뜻이다.

육체적 고통에 대한 두려움이 나를 몰아세우지 않았다면 내가 두려움의 문제를 이렇게 결정적인 방식으로 해결할 수는 결코 없었을 것이다. 이것은 두려움을 우리가 가야 할 길로 보는 좀 더 가벼운 방식이다. "옳거니! 두려움을 해결할 기회를 얻었어!"라며 기뻐할 수는 없다고 해도 좀 더 호기심을 갖고 기꺼이 탐구해 볼 수는 있을 것이다. 그럴 때 두려움이 악몽이 아니라 모험으로 보이기도 한다.

그렇다면 실질적으로 어떻게 해야 할까? 단지 멈추고 마음속에서 춤을 추는 생각들을 관찰한다. 두려움이 일어나면 생각하고 분석하고 싶은 유혹도 일어난다. 사실 생각은 멈출 수 없다. 하지만 같은 생각을 거듭하며 탐닉할 필요는 없다. 우리는 한 걸음 물러서서 마음이 무엇을 하는지, 마음이 어떻게 두려움과 혐오를 강화하여 생각을 고통으로 고착화하는지 지켜볼 수 있다. "내가 생각하는 이 일이 지금 나한테 정말 일어나고 있나?"라고 자문해 보는 것도 도움이 된다. 대개 우리 생각이 두려워하라고 말할 뿐이지, 지금 두려운 그 일이 벌어지고 있는 것은 아니다. 따라서 진짜로 벌어지고 있는 일과 앞으로 벌어질 수도 있다고 생각하는 일을 분명히 구분하는 것이 좋다. 그럴 수 있다면 생각을 객관적으로 바라볼 수 있고 생각이 단지 생각이지 현실이 아님을 인식할 수 있다.

두려움의 일부인 구체적인 믿음을 알아차리기 위해서는 "내가 가장 믿고 있는 생각은 무엇인가?"라고 물어보는 것도 한 방법이다. 이때 우리가 미처 알아차리지 못한 무언가 중요한 것, 대개 너무 깊이 숨어 있어서 파악하지 못한, 우리가 진실이라고 믿고 있는 핵심적인 이야기가 떠오를 수도 있다. 하지만 우리가 믿는 것이 다 진실은 아니다.

내 학생 중 한 명이 아침에 일어날 때마다 가슴이 답답하다고 했다. 학생은 "내가 가장 믿고 있는 생각은 무엇인가?"라고 자문해 본 후 매사에 자신이 제일 먼저 하는 생각이 "이런 식이어서는 안 된다!"임을 깨달았다. 유사하게 나도 40대에 오랫동안 매일 아침에 일어날 때마다 가슴의 불안한 떨림을 감지했었다. 집착하고 있는 생각이 딱히 없는 것 같았는데, "내가 가장 믿고 있는 생각은 무엇인가?"라고 묻고 나서 나의 그 불안이 항상 "이건 너무 힘들어. 나는 할 수 없어!"라는 생각과 함께 온다는 걸 깨달았다. 이 두 이야기 모두 우리가 잘 의식하지 못하는 조건화된 생각들이 얼마나 강력한지 보여준다. 나이가 들수록 이 조건화는 대체로 더 견고해져서 절대 저절로 사라지지 않는다. 우리가 제대로 보고 해결해야 한다.

어떤 조건화된 생각에 갇혀 있는지 도무지 보이지 않을 때도 있다. 그럴 때는 효과적인 "마음 지도 만들기mind mapping" 기술을 써보자. 다음이 그 작용 원리이다.

감정적인 어떤 문제에 갇혀 있는데 실제로 무슨 생각을 하고 무엇을 느끼는지 불명확하다면 먼저 그 문제를 가장 잘 말해주는 짧은 단어나 문장을 하나 생각해 본다. 그다음 그 문장을 백지 중간에 적고 동그라미를 그린다. 예를 들어 "인간관계가 어렵다" "우울증" "건강 불안증" 같은 것을 적을 수 있다. 다음은 그 문제에 대해 처음 드는 생각을 적어본다. 그리고 몇 시간 혹은 며칠 동안 그 문제에 대한 다른 생각, 감정 혹은 강력한 육체적 감각들이 올라오면 그것도 그 종이에 적는다. 위치나 순서는 상관없다. 그 종이 어디든 마음대로 적는다. 마음을 계속 떠도는 잔해들을 모두 종이 위에 적어보면서 객관적인 마음 지도를 만드는 것이다. 감정, 감각, 생각 모두 적는다.

다만, 그 문제에 대해 분석하거나 고치려 들지는 않는다. 이것은 무엇을 알려고 하기보다 생각과 느낌을 객관적으로 관찰하고 써보는 연습이다. 무엇을 쓸지 너무 많이 생각하지 말고 떠오르는 생각을 주저 없이 종이 위에 다 쏟아놓는다. 의식적·무의식적 수준에서 우리가 믿고 느끼는 것을 분명히 보려는 것이다.

생각과 느낌들을 다 적었다 싶으면(이것은 몇 시간이 걸릴 수도 있고 심지어 며칠이 걸릴 수도 있다) 당신의 마음 지도를 보듯 그 종이를 전체적으로 본다. 그리고 생각의 반복되는 패턴이 있는지, 생각과 감정과 육체적 감각 사이에 그 어떤 연관은 없는지 본다. 이 시점에서 아주 중요한 열린 질문(예, 아니오로 대답할 수 없는 질문 _ 역자 주), 즉 "내가 가장 믿고 있는 생각은 무엇인가?"라고 자신에게 묻는다.

대답이 금방 떠오르지 않을 가능성이 크다. 대개 표면적이고 피상적인 생각들을 써놓았을 테니까 말이다. 하지만 그 질문을 조금 있다가 반복해 보자. 당신이 무엇을 믿고 있는지 정말 알고 싶다면 조만간 대답이 저절로 떠오를 가능성이 크다.

그렇게 가장 믿고 있는 생각이 분명해졌다면 그 생각을 마음 지도에 추가한다. 이 시점에서 그 지도를 전체적으로 다시 보면 바로 가장 믿고 있는 그 최초의 믿음에서 그 모든 표면적인 생각과 감정들이 생겨났음이 분명히 보인다. "사는 건 힘들다" "나는 항상 혼자일 거다" "일은 원래 잘 풀리지 않는 법이다" 같은 깊은 믿음은 진부하게 들린다. 하지만 우리 자신을 알면 알수록 이 믿음들이 얼마나 파괴적인 힘을 가졌는지 아주 잘 보일 것이다. 이런 생각들이 우리가 느끼고 행동하는 방식을 어떻게 지시하는지 본다면 말이다.

마음 지도 만들기는 기본적으로 불안과 우울을 의식의 더 넓은 그릇 안에서 보게 한다. 자신과 자신의 문제를 좀 더 분명히 볼 수 있을 때, 우리는 작은 마음의 생각과 평가들을 더 이상 쉽게 믿지 않는다. 작은 마음의 생각과 감정들이 "내"가 아님을 아는 것이 그것들에서 자유롭게 되는 데 결정적인 역할을 한다.

우리는 두려운 생각들이 대개 미래에 대한 걱정에 집중하고 있음을 발견할 것이다. 두려운 생각들이 탐지기처럼 작동해 두려워하는 것을 인식할 수밖에 없게 되기도 한다. 암에 걸릴 것을 비이성적으로 걱정한다면 그 탐지기가 암을 증명하는 증상들을 기어이 찾아내고야 말 것이다. 우디 앨런Woody Allen은 누가 셔츠에 난 얼룩임을 말해주기 전까지 등에 암이 생겼다고 굳게 믿는 연기를 한 적이 있다. 맞다. 터무니없다. 하지만 미래에 대한 걱정을 잘 살피지 않고 방치할 때 모든 것이 암담한 완전한 파국에 이를 수도 있다.

두려움이 우리에게 하는 이야기들은 아주 현실적이어서 일어나지도 않았고 심지어 결코 일어나지도 않을 상황으로 우리를 근거 없이 괴롭힌다. 지금 당장 진짜 위험한 것은 아무것도 없음이 분명하다면, "지금 그 일이 벌어진 것은 아니다!"라고 말하는 것이 두려움의 고리를 끊는 좋은 방법이다. 비현실적인 시나리오가 버티고 떠나지 않을 때는 이 문장을 몇 번 반복해야 할 수도 있다. 비록 일시적인 해법일지라도 연습을 계속하다 보면 파국에 이르게 하는 두려움 기반의 생각들을 오랫동안 지워서 인생이 더 이상 그렇게 암담하지 않게 된다.

두려운 생각을 강박적으로 할 때도 있다. 그 생각이 너무 강해서 생명력을 얻어 스스로 움직이는 것 같다. 강박적인 생각은 불난 집에 하는 부채질 같아서 두려운 생각을 더 강화한다. 그 불이 저절로 꺼지게 하고 싶다면 종말론적 생각들이 떠오를 때마다 "거기로 가지 마!"라고 말하며 아예 그 싹을 잘라버려야 한다. 그래도 자꾸 그 생각이 들어 몇 번 더 말해야 할 수도 있지만 보통은 그렇게 말할 때 강박적인 생각의 고리가 끊기고 다시 어느 정도 객관적으로 볼 수 있게 된다.

두려운 생각이 너무도 강력해서 "거기로 가지 마!"라는 명령조차 듣지 않을 때도 물론 있다. 그럴 때는 에너지 수준에서 작동하는, 특별한 호흡 기술을 이용해 볼 만하다. 4초 동안 천천히 숨을 들이쉬고 4초 동안 숨을 참은 다음 강하게 숨을 내뱉는다. 이것을 세 번 한다. 그럼 강박적인 생각의 강력한 에너지 패턴이 대부분 깨질 것이다. 그렇지 않다면 필요한 만큼 호흡을 반복한다.

맴을 도는 정신이 계속 휘저어 대는 생각들을 해결하면 기본적으로 우리가 갇혀 헤어 나오지 못하는 이야기를 이제 그만 들을 수 있다. "이건 끔찍해" "나는 이걸 감당할 수 없어" "내가 너무 불쌍해" 같은 생각들에 탐닉하기를 멈출 수 있다면, 멜로 드라마가 그 기력을 잃기 시작한다. 피상적인 생각들에서 정체성 찾기를 그만두었다면 이제 두려움의 감각과 에너지를 온몸에서 느껴보는 중요한 단계가 우리를 기다리고 있다. 감각에 숨을 불어넣어 감각을 느끼는 단계로, 감각에 새로운 공기 혹은 숨 쉴 곳을 제공하는 것이다.

일단 우리는 중요한 질문, 즉 "이것은 무엇인가?"라고 물어야 한다. 다시 말해 "지금 내 몸이 실제로 어떤 느낌인가?"라고 묻는 것이다. 두려운 이유를 묻지도, 두려움을 분석하지도 않는다. 이 질문은 지적인 질문이 아니다. 이 질문은 느낌 수준의 몸의 감각으로 주도면밀하게 들어가기 위한 일종의 도구이다. 그리고 몸 어디에서 가장 강한 감각이 느껴지는지 알아차리고 그 질감을 느낀다.

나는 불안을 대부분 가슴과 배에서 느낀다. 보통 가슴이 떨리거나 속이 메스껍다. 따라서 "이것은 무엇인가?"라는 질문은 내 경험상 불안과 두려움에 대처하는 한 방편이다. 그리고 다시 말하지만 몸의 감각에 숨을 불어넣는 것이 그 방법이다.

두려움의 물리적 느낌과 에너지를 몇 번의 호흡으로 가슴 중심으로 불어넣는 것도 도움이 된다. 두려움을 심장 부분으로 가져간 후 오롯이 그 부분을 느끼면 왠지 모를 분명한 치유와 진정의 느낌이 찾아온다. 예의 그 공포가 진심 어린 호기심으로 바뀌기도 한다. 두려움이 녹기 시작하면, 언제나 가능한 연결과 사랑으로 자연스럽게 다가갈 수도 있다. 이런 것들이 두려움에 기꺼이 대면할 때 얻을 수 있는 결실이다. 이 결실을 실제로 경험하려면 한동안은 노력해야 한다.

우울과도 똑같은 단계를 밟을 수 있다. 자신이 우울하다는 사실을 분명히 인식하는 것에서 시작한다. 우울을 심지어 알지도 못하는 경우가 종종 있다. 키르케고르에 따르면 우울에는 분명 그것이 우울임을 깨닫지 못하게 하는 성질이 있다. 우울은 해결하고 싶은 의지가 생기지 않는 것도 특징이다. 우울 자체가 어떤 일에든 동기

부여가 되지 않는 특징을 갖고 있기 때문이다. 핵심은 과학자의 호기심으로 우울을 객관적인 연구 대상으로 보려고 노력하는 것이다. 이것은 우울을 좀 더 미묘한 방식의 자기 발견을 위한 길로 보는 것이기도 하다. 우울을 구성하는 생각과 감정들을 공부하는 것으로 우울을 줄이고, 그렇게 우울의 어두운 손아귀에서 벗어나 보는 것이다.

호기심을 가지고 우울을 공부하려면 먼저 마음속으로 믿고 있는 것을 객관적으로 보아야 한다. "내가 가장 믿고 있는 생각은 무엇인가?"라는 질문은 분명 다음과 비슷한 문장들을 떠올리게 할 것이다. "나는 아무짝에도 쓸모없어" "다 무슨 소용이야" "희망이라곤 없어" 같은 믿음들 말이다. 하지만 이런 생각을 말해보는 것만으로도 그 힘이 어느 정도는 사라진다.

그다음 몸에서 느껴지는 것에 호기심을 갖고 여기서도 "이것은 무엇인가?"라고 묻는다. "이것은 무거움인가?" "정확히 몸의 어디서 오는 것인가?" "이 무거움은 실제로 어떤 느낌인가?" 이렇게 질문하며 몸속으로 들어가 보는 것으로 우리는 우울증이 곧 자신이었던 그 정체성을 깨고 나온다. 쉬운 일처럼 말하고 싶지는 않다. 대개 반복적인 노력이 필요한 일이다. 그리고 "지금 그 일이 벌어진 것은 아니다!" "거기로 가지 마!"라고도 많이 말해야 할 것이다. 하지만 정신을 정화하고 몸과 편해지는, 이 이중의 과정이 마침내 무거운 우울을 덜어내기 시작할 것이다.

생각을 분명히 보고 몸에서 일어나는 일을 정확히 알아차리는 이 두 접근 방식은 두려움과 우울이 찾아올 때 말 그대로 "좋아"라며 반기는 정신 상태를 계발할 때 그 효력이 더 커진다. "좋아"라고 말 하는 것은 나이 듦의 가혹한 현실과 마주할 때 불가피하게 힘을 잃 게 되는, "할 수 있다" 자세나 긍정적인 자세와는 다르다. "좋아"라 고 말하는 것은 현재 순간의 경험을 기꺼이 진정으로 느끼겠다는 말이다. 이런 정신 자세는 안주 상태에서 기꺼이 벗어나려 할수록 강화된다. "좋아"라고 말할 때 우리는 미지의 영역으로 나아간다. 두려움과 우울의 목소리가 그곳에 가지 말라고 하더라도 말이다. 이 단계 없이는 지금 상태가 영원히 지속될 것이다. 이것을 이해할 때 새로운 방식의 인생을 살게 될 것이다.

도저히 "좋아"라고 할 수 없을 때도 있다. 너무 아프고 너무 괴로 울 때면 현재 순간에 머물기가 매우 힘들다. 인간이 불편함을 싫어 하는 것은 당연하고 그 결과 불편함에 직면했을 때 저항이 매우 거 세지는 것도 당연하다. 두려움의 목소리가 도저히 넘을 수 없는 벽 에 다다랐다고 말한다. 우울의 목소리가 그저 "싫어"라고만 말한다.

그렇다 하더라도 희미해진 포부가 한 걸음만 더 나아가 보라고 권한다. 치유되지 못한 감정들이 우리에게 경고를 날리며 그만 마 음을 닫고 방어하라고 말하면, 깨어나고 싶은 우리 가슴이 "좋아" 라고 말한다. 마음을 열고 인생이 실제로 제시하는 것을 보라고 말 한다. **우리와 친해질 때까지, 우리에게 환영받을 때까지 두려움과**

우울은 진정한 삶을 살 우리의 능력을 계속 제한할 것이다. 삶에 "좋아"라고 말하는 것은 두려움과 우울까지 포함한 모든 것에 "좋아"라고 말하는 것이다. 진짜 인생으로 향하는 길은 바로 그 길을 막는 그것들에게 마음을 열고 주의를 집중하기를 요구한다.

어떻게 해도 두려움과 우울이 참을 수 없을 정도로 강력할 때도 있다. 그럴 때는 숨을 깊이 들이쉬고 내쉬어 보자. 심호흡 명상에서처럼 코로 천천히 숨을 들이쉰 다음 입을 살짝 열고 천천히 내보낸다. 어떤 식으로든 두려움과 우울이 정말 너무 강할 때는 일시적인 기분 전환거리에 주의를 돌리는 것도 좋다. 예를 들어 그냥 한 번나가 산책해 보는 것도—처음에는 이마저도 거부감이 들겠지만—도움이 된다. 이런 기분 전환도 오용하지만 않는다면 크게 볼 때 자연적 사원 활동의 일부이다. 언제 쉽게 가고 언제 좀 더 힘들게 가야 하는지 알 수 없을 때가 있다. 이것은 각자 결정해야 할 문제로, 이 둘을 번갈아 잘 이용하는 법을 배우는 것도 지혜롭게 나이 드는 기술에 포함된다.

궁극적으로 우리는 두려움과 우울도 사실 단지 조건화된 믿음의 종합이고 몸의 강렬한 감각들의 종합임을 알 수 있다. 이때 우리는 여전히 두렵고 여전히 우울하더라도 그것들을 우리 자신으로 보거나 진실로 보지 않아도 됨을 마침내 이해하게 된다. 이때 두려움과 우울에서 진정으로 벗어난 것이다. 벗어났다 함은 그것들이 더 이상 존재하지 않는다는 뜻이 아니라(그것은 불가능하다) 다만 우리 존재와 우리가 사는 방식을 점점 덜 지배하게 된다는 뜻이다.

우리가 진짜 질문해야 할 것은 이것이다. "두려움과 우울에 탐닉하는 것이 진정한 삶을 살겠다는 우리의 포부보다 과연 더 중요한가?"

결국 우리는 우리 자신에 대해 갖는 가장 깊고 가장 어두운 믿음들에 대면할 필요가 있다. 그래야만 그것들이 실재가 아니라 단지 믿음일 뿐임을 알게 된다. 이 과정에 기꺼이 들어갈 때 우리는 우리가 믿는 우리 자신, 그 허구를 꿰뚫어 볼 수 있다.

두려움과 우울에 직면해서 의식적으로 "좋아"라고 말할 때 사랑이라는 결실을 얻는다. 일단 의식적으로 직면하고 나면 두려움과 우울은 우리 진정한 본성, 즉 사랑이 자유롭게 저절로 드러나는 것을 더 이상 막을 수 없다.

6
애도와
상실

애도

나이가 들다 보면 애도를 피할 길이 없어진다.

친구를 잃게 되고 인생의 동반자도 잃게 된다. 애도의 다섯 단계, 혹은 그 비슷한 것들이 참 많이 알려진 탓에 애도에 대해 쉽게 말하고 단정적으로 말하는 사람이 많아서 나는 가끔 곤혹스럽다. 내가 경험한 애도는 그들이 말하는 공식 어디에도 전혀 해당하지 않았다. 사실 애도는 너무도 다양한 방식으로 나타나서 분명한 정의조차 내리기 어렵다. 동시에 애도는 인간이 경험하는 모든 감정 중에 가장 강렬하고 가장 현실적이다. 주로 상실과 함께 오는 애도는 우리가 통과해야 하는 가장 힘든 경험에 해당한다.

나는 70대 초반이므로 당연히 가까운 사람의 죽음을 이미 많이 경험했다. 가장 힘들었던 죽음은 내 죽은 아내를 포함한 가장 가까웠던 친구들 다섯 명의 죽음이었다. 모두 상대적으로 이른 나이에 죽었다. 이들 중 둘은 40대에 갑자기 아무런 경고도 없이 죽었다. 둘 중 한 명은 유치원 때부터 친구였다. 우리는 초중고를 같이 다녔고 대학 때는 4년이나 서로의 룸메이트였다. 나중에는 내 손으로 그와 그의 가족이 살 집까지 지어줬다. 그런데 40대가 되자마자 그는 자살했다. 그 소식을 들었을 때 나는 충격이 너무 커서 매일 무너지기를 반복했고 때로는 몇 주 동안 아무 일도 할 수 없었다.

나는 그렇게 죽을 정도면 그 고통이 얼마나 컸을지 실감하며 친구를 애도했다. 하지만 나중에 나는 그때 내가 나에게 너무도 소중했던 사람을 잃어서 애도한 딱 그만큼 내 안에서 잃어버린 무언가를 애도했던 것임을 깨달았다. 세상을 보는 나의 시각은(이 시각이 꼭 의식적이었던 것 같지는 않다) "안정과 확실성이 존재하고 나는 그것에 의지할 수 있다"라는 것이었다. 그리고 나에게 시간이 무한할 거라는 믿음도(이것 또한 의식적인 믿음은 아니었다) 있었다. 친구의 죽음은 이 망상들을 뒤흔들었고, 발아래 땅이 꺼져버린 것 같은 느낌이 자기만족에 빠져 있던 내 일상도 뒤흔들었다. 하지만 아무리 그 느낌이 강렬했다고 해도 어느 정도 시간이 지나자 예전의 통제 의식이 그 강도가 좀 덜하긴 했지만 돌아왔다.

젊을 때 죽은 또 다른 내 친구는 25년 동안 가장 친한 친구였다.

그 친구에게는 뭐든 말할 수 있었고 언제나 이해받고 있다고 느꼈다. 40대 후반에 친구는 농구를 하던 중에 갑자기 중증의 심장마비를 일으켰다. 그리고 즉사했다. 그 소식을 들었을 때 나는 믿을 수 없었다. 당시 나는 몇 달 동안 급성 자가면역질환의 공격을 받고 있던 터라 친구의 죽음이 불러온 감정들을 처리할 힘이 없었다. 그래서 병이 어느 정도 호전될 때까지 두 달 동안 그 감정들을 마음 깊숙한 곳에 묻어버렸다. 하지만 몸이 어느 정도 회복되자 슬픔과 상실의 깊은 파도들이 표면을 치고 올라왔다. 다행히 이번에는 친구에 대한 사랑을 더 깊은 사랑으로 승화하면서 애도할 수 있었다. 그리고 모든 사람이 애도의 감정을 공유하고 있음을 더 깊이 이해할 수 있었다. 이 과정에 대해서는 이 장 뒤편에서 좀 더 이야기하겠다.

나는 누가 죽더라도 그 사람이 내 마음속에 여전히 깊이 자리할 수 있음을 배웠다. 이 친구가 죽은 후 몇 년 동안 나는 매일 조용히 그에게 말을 걸곤 했다. 그가 여전히 살아 있는 것처럼 나에게 일어난 일들을 말했다. 그가 정말 내 말을 들을 수 있다고 믿은 것은 아니었다. 단지 육체가 사라지고 나서도 우리가 여전히 연결되어 있다고 느꼈다.

각각의 애도는 나를 각각 다른 방식으로 흔들어놓았다.

내 어머니가 병원에서 예후가 나쁜 림프종 진단을 받았을 때 나는 그 옆에 있었다. 어머니를 생각해서 그 자리에서는 침착함을 유지했지만, 병원을 나오자마자 배를 강타당한 것 같은 통증이 일어났다. 병원의 벽돌 벽에 기대고 서 있었던 게 기억난다. 그곳은 53년 전에 내가 태어난 병원이기도 했다. 땅과 나를 이어주었던 끈이 끊어진 듯했다. 그런 경험을 미리 준비할 수는 없다. 우리는 나이 듦에 있어 모두 초심자이듯 사랑하는 사람의 죽음에도 모두 초심자이다. 어떤 감정이 들지, 그 감정을 어떻게 해야 할지 전혀 알 수 없다.

애도는 강렬하면서 계속 변하기 때문에 힘든 감정이다. 애도는 분노로 나타나기도 하고 두려움으로 나타나기도 한다. 슬픔과 공포로 나타나기도 한다. 애도는 새가 울 때, 꽃이 필 때 같은 가장 뜻밖의 순간에 일어나기도 한다. 애도의 감정이 올라오는가 싶은 순간 다른 비탄의 감정들, 즉 분리나 버려짐에 대한 두려움과 불안감 같은, 그동안 피하고 해결하지 않은 고통의 층들이 함께 올라오기도 한다. 애도는 우리의 어깨를 짓누르고 기력을 앗아 가고 공허하게 만들고 뭔가 중요한 것이 잘려 나간 듯 느끼게 하고 공포와 절망에 빠뜨린다. 그러니 때로는 애도가 무감각으로 드러나는 것도 당연하다. 느끼고 싶지 않으므로 소외와 분리의 감정을 얼어붙게 하는 것이다. 애도의 감정 속에는 내 어머니가 암 진단을 받았을 때 내가 느꼈던 것처럼, 거의 언제나 그 어떤 지주가 사라진 것이 주는 불안감이 존재한다. 나를 지탱해 줄 것이 아무것도 없고 말 그대로 땅이 꺼지는 것 같다. 그리고 애도의 감정 속에는 언제나 전체, 완성, 조화, 연결에 대한 갈망이 들어 있다.

내 경험과 다른 사람들의 경험을 지켜본 결과 나는 애도 감정의 강렬함을 제대로 예측할 방법은 없음을 알게 되었다. 사랑하는 사람이 죽으면 그 상실감은 때로 도저히 참을 수가 없다. 가까운 사이일수록 상실의 고통은 더 크고 무슨 일이든 "함께한" 사이라면 더 말할 것도 없다. 때로 우리는 받아들일 수 없다. "이런 일은 일어나서는 안 돼!"라고 몇 주, 몇 달, 심지어 몇 년 동안 확신한다. 매일 공허하고 내일 혹은 다음 주에 무엇을 해야 할지 생각해 보아도 아무 감정도 의욕도 생기지 않는다. 생일이나 명절, 특히 두 사람에게 중요했던 기념일이 다가오면 또다시 온갖 감정이 치고 올라온다.

한동안 애도는 우리 존재의 전부가 된다. 알 수 있는 것은 고통과 공허함뿐이다. 하지만 시간이 지나면 그런 감정들에 어느 정도 거리를 둘 수 있다. 특히 그 감정들을 온 마음으로 겪어냈다면 말이다. 감정의 강도가 약해지고 심지어 지금 애도 중임을 잊어버릴 때도 있다. 그러다 다시 최대 강도로 모든 감정이 밀려오기도 한다. 누군가는 이것을 바다와 파도에 비교한 바 있다. 처음에는 애도의 파도가 크고 잦아서 우리를 바다의 밑바닥까지 끌어내린다. 숨을 더 이상 참지 못하는 상태가 되면 그대로 곧 익사할 것만 같다. 그때 파도가 잦아들고 우리는 다시 위로 올라와 공기를 마신다. 시간이 지남에 따라 이 과정도 지나간다. 그리고 파도들이 작고 잔잔해진다. 비록 때로 다시 어디선가 큰 파도가 덮쳐와 또 밑바닥으로 끌어내리지만, 이때쯤에는 익사하지는 않음을 잘 안다.

애도에 도사리고 있는 가장 큰 위험은 애도에 젖어 그 안에서 뒹굴 수도 있다는 점이다. 사실 에고가 다른 순수한 감정들을 뒤덮어 버리므로 애도의 감정만이 우리의 새로운 정체성이 되기도 한다. 자신을 "애도하는 사람"으로만 보고 희생자나 순교자가 된 듯한 기분이 순수한 슬픔에 그늘을 드리우는 것이다. 이런 일이 일어나면 애도에서 배우기보다 애도라는 감옥에 빠지기 쉽다. 이 반대는 애도 속에서 뒹굴지는 않지만, 고통이 저절로 사라지길 바라며 애도의 감정을 억누르는 것이다. 하지만 심리학자이자 작가인 존 웰우드John Welwood도 "애도하지 못한 것은 불만으로 변함"을 간파했다. 애도의 감정보다 화를 표현하기가 훨씬 더 쉬우므로 이것은 흔한 일이다. 게다가 화는 권력과 통제의 유혹적인 느낌을 주기도 하므로 화 속에서 길을 잃기란 그다지 어렵지 않다. 이런 화는 좌절, 원한, 비통함의 탈을 쓰고 나타나기도 한다.

애도로부터 배우고 싶다면 저항할 필요가 없음을 깨닫는 것이 중요하다. 애도의 감정들이 아무리 고통스럽더라도 온전히 겪어낼 때 애도는 다른 것들은 좀처럼 할 수 없는 방식으로 우리 마음을 열 수 있다. 애도의 과정에 도움이 되는 아주 구체적이고 효과적인 연습도 있다. 이 연습은 스티븐 레빈Stephen Levine의 명상법을 빌려온 것인데 "가슴에 숨을 불어넣는" 명상이다. 당연히 가슴에 진짜 숨을 불어넣는 것은 아니다. 숨을 들이쉴 때 가슴 중심으로 들이쉬는 것처럼 쉬면 된다.

다음이 그 방법이다.

가슴에
숨을 불어넣는
명상

앉거나 누운 채 몇 번 심호흡해 몸의 감각을 알아차리는 연습을 한다.

손가락 세 개의 끝부분을 가슴 중심, 복장뼈에 갖다 댄다. 복장뼈에서 민감하거나 아픈 부분을 찾아 손가락을 갖다 대도 좋지만, 가슴 중앙이면 어디든 다 좋다.

세 손가락 끝을 살짝 누르면서 올라오는 감각들을 느낀다. 최소한 손가락 끝이 복장뼈를 누르는 감각은 느낄 수 있을 것이다.

호흡을 알아차린다. 그리고 숨을 들이쉴 때 손가락이 닿는 가슴 부위에서 일어나는 감각들을, 그것이 무엇이든 느껴본다.

숨이 가슴 중심을 통해 온몸으로 퍼진다고 상상한다. 가슴 중심에 숨이 들어갈 수 있게 관 같은 게 열려 있다고 상상한다.

그렇게 1~2분 정도만 계속 숨을 들이쉰다. 하지만 종일 규칙적으로 거듭하면서 가슴에 숨 불어넣는 것이 자연스러울 수 있게 한다.

이 연습은 꾸준히 하면 산들바람이 온몸을 관통할 때처럼 원기와 활력이 생긴다.

이 연습은 일단 배워두면—익숙해지는 데 시간이 좀 걸릴 것이다— 애도의 감정들, 슬픔과 외로움의 감정들을 처리하는 데 도움이 된다. 애도할 때 가슴 중심이 때로 아주 민감해지므로 손가락 끝으로 누를 때 애정이나 아픔을 느낄 수도 있다.

이 연습은 숨과 함께 애도의 육체적 감각들과 에너지를 곧장 가슴 중심으로 보내는 것이다. 무거움, 통증, 목이 조여옴… 뭐든 다 좋다. 그것들을 숨과 함께 가슴 중심으로 보낸다. 그리고 부드럽게 숨을 내쉰다. 일단 애도의 경험을 가슴 중심으로 불어넣기만 한다.

애도에 마음을 여는 과정을 설명할 수 있는 유일한 단어는 어쩌면 항복인지도 모르겠다. 우리는 애도의 감정을 바꾸려 하지도, 없애려 하지도 않는다. 오히려 그것을 우리 가슴 중심으로 불어넣는다. 그렇게 사랑의 더 넓은 문맥 안에서 새로운 방식으로 애도를 경험하려는 것이다. 때로 가슴에서 느껴지는 감각들에 압도될 것 같기도 하지만 사실 그 감각들은 애도의 감정을 연민으로 만나는 우리의 능력을 심화한다. 이렇게 할 때 우리는 한탄하는 경향을 보이는 생각하는 마음에 사로잡히지 않는다. 애도의 감정들을 계속 가슴 중심으로 불어넣다 보면 처음에는 감당할 수 없는 고통처럼 보였던 그 감정들이 통렬한 깨달음으로 천천히 바뀐다. 고통은 여전하겠지만 이제 단지 그것을 느낄 뿐 그것에 압도당하지는 않을 것이다.

진정한 애도를 허락할 때 애도가 그 어떤 것보다 우리 마음을 정

화할 수 있음을 알게 된다. 애도는 무엇이 중요하고 무엇이 중요하지 않은지 보여준다. 세상에 시간이란 시간은 다 가졌다는 망상에서 마침내 벗어나게 하므로 우리는 이제 진짜 삶을 사는 데 집중하기 시작한다. 누가 시키는 대로가 아니라 가슴이 시키는 대로 살기 시작한다. 그동안 지켜왔던 낡은 패턴들이 이제 부적합해진다.

그럼 이제 애도가 스승이 된다.

상실

나이 듦과 상실은 너무 자주 함께 와서 둘은 거의 동의어처럼 보이기도 한다. 단지 사랑하는 사람의 죽음만이 아니라 상실은 많은 상황에서 일어난다. 상실은 무언가를 잃어서 강력한 감정이 일어나는 모든 상황에서 발생한다. 사실 우리는 무의식적인 것 포함 그동안 축적된 애도 감정들의 총합을 늘 짊어지고 살아간다. 그동안 우리는 애인과 헤어지거나 반려동물이 떠났거나 이상과 꿈이 사라지거나 해서 상실의 감정을 느낄 때마다 갑옷으로 무장하여 그 감정들을 묻어버리려 했다. 땅이 꺼지는 느낌, 절망, 고립의 느낌으로부터 자신을 보호하기 위해서 말이다.

하지만 나이가 들수록 상실을 더 많이 경험하므로 상실감을 묻어버리기가 예전만큼 쉽지는 않다. 몸이 예전 같지 않고 체력이 떨어지다가 건강이 무너지고 정신적인 기능이 쇠퇴하기 시작하면 더더욱 그렇다. 직장이나 소속을 잃을 때 혹은 자신이 더 이상 중요한 사람이 아닌 것 같을 때 상실감을 크게 느끼는 사람도 있다. 황혼 이혼도 상실감을 준다. 이 상실감은 이상이 무너진 것에 대한 분노, 성스러운 연대가 사라진 것에 대한 슬픔으로 드러나기도 한다. 종교에 의지했다가 실망해 신념을 잃은 사람은 특히 더 강한 공허와 불안을 느낀다. 자신만의 영웅이나 우상이 늙어가고 죽어가는 모습을 보는 것도 슬프다. 이때 무언가 미완성으로 끝난 것 같은 느낌이 드는데 이것도 일종의 상실감이다. 흠모했던 사람이 죽으면 꿈을 잃은 것 같아 더 슬퍼진다. 이제는 결코 이룰 수 없는 꿈 말이다.

상실로 고통스러울 때 우리는 언제나 선택할 수 있다. 그 감정을 피하거나 묻어버릴 것인지 아니면 마침내 받아들일 것인지. 상실에 따라오는 강하고도 불쾌한 감각들은 당연히 좋지 않으니까 가능하면 그 감각들을 밀쳐내는 것도 너무나 당연하다. 그래서 고통을 피하는 데 문화적으로 허용되는 방식들로 눈을 돌린다. 예를 들어 "강해져야 해"라고 자신을 몰아붙이거나 "하느님은 다 뜻이 있어서 이렇게 하시는 거야"라는 말을 받아들이려 애쓴다. 하지만 실제 상황에 정직하게 대면하지 못하게 막는 태도는, 그게 무엇이든 감정을 묻어버리는 또 다른 구실일 뿐이다. 상실의 고통이나 애도의 감정들로부터 자신을 보호해 줄 거라 희망하며 방패를 들고 철갑을 두르는 또 하나의 방법일 뿐이다. 예전에 그 감정들과 우리 사이에 그런 장벽들을 세울 때는 그럴 필요가 있었을 수도 있다. 그때는 강렬한 감정들을 받아들일 수 없었을지도 모른다. 그런 방식으로 우리를 보호하는 것은 어쩌면 좋은 것이다. 하지만 더 열린 마음의 평정심과 여유를 경험하며 좀 더 진정한 삶을 살고 싶다면 상실에도 마음을 온전히 열 수 있어야 한다.

이것은 의심할 여지 없이 매우 어려운 일이 될 테지만 무언가를 연이어 계속 잃다 보면 인생에서 처음으로 제대로 살고 싶다는 포부가 강하게 일어날 수도 있다. 중요한 무언가를 잃었을 때 우리는 그 즉시 그동안 사소한 일들로 인생을 얼마나 낭비해 왔는지 깨닫게 된다. 기존의 의견과 태도들의 하찮음을 보기 시작하고 그동안 얼마나 살얼음판 위를 걸으며 살아왔는지 깨닫는다. 시간이 없다는 것과 바로 그래서 이제는 깨어나 진실한 삶을 살 수 있음에 감사한다. 무엇이 중요한지가 보이므로 더 이상 자신을 보호하려 그렇게 애쓰지 않는다. 예전처럼 안전과 안락을 신처럼 모시고 싶지 않고 안전과 안락이 진짜 우리를 보호해 주지도 않음을 깨닫는다. 두려움 때문에 마음을 닫는 것이 주는 무거움이 얼마나 고통스러운지 느끼기 시작하므로 상실이 주는 강렬한 감정들을 점점 더 기꺼이 허락한다.

상실감을 제대로 처리하고 싶다면 애도의 감정에서처럼 가슴 중심으로 구체적인 감각들과 감정들을 불어넣는 연습을 하면 좋다. 처음에는 어려울 것이다. 고통이 더 커질 것 같아 저항하고 싶은 마음이 들 수도 있다. 하지만 시간이 얼마 없음을 분명히 이해하고 더 정직하게 살고 싶다는 분명한 의도가 더해지면 저항은 사라질 것이다.

하지만 저항이 장벽이 되지 못할 때조차 더 큰 장벽이 있을 수 있는데 바로 끊임없이 돌아가는 우리 정신이다. 평가를 멈추지 못하는 정신이 특히 장애가 될 수 있다. 상실감을 진정으로 느끼기 위해서 우리는 먼저 우리가 느끼는 것이 "끔찍하다" "너무 심하다" "불공평하다"라고 말하는 머릿속에서 벗어나야 한다. 이런 생각들을 정확하게 관찰하고 가능한 한 구석으로 몰아넣는 법은 배울 수 있다. 여기서 구석으로 몰아넣는 것은 감정이 아니라 생각이므로 감정을 묻어버리는 것과는 다르다. 생각을 구석으로 몰아넣는 것은, 이 생각들은 단지 생각일 뿐이고 사실과 거의 상관이 없음을 알기 시작할 때 좀 더 쉬워진다. 상실이 고통스럽지 않다고 말하는 게 아니다. 다만 "이것은 고통스럽다"와 "이것은 끔찍하게 고통스럽다"라는 생각 사이에는 큰 차이가 있다는 말이다. 사실 후자는 이미 존재하는 고통 위에 고통을 한 겹 더 올린다. 우리를 무력하게 하는 이런 생각들을 간파할 때 그것들은 힘을 잃고, 우리는 빛으로 나온다. 바로 이 시점에 우리는 상실을 있는 그대로 경험하기 시작한다.

앞에서 설명한 대로 가슴 속으로 숨을 불어넣듯이 호흡한다. 아직 이 명상을 해보지 않았다면 먼저 호흡 명상 삼아 몇 번 해보는 게 도움이 될 것이다. 그러다 가슴으로 숨을 불어넣는 게 편해지면 상실의 육체적 감각과 에너지를 가슴 중심으로 불어넣는 다음 단계로 나아갈 수 있다. 상실의 아픈 감각을 가슴 중심으로 불어넣은 후 단지 그곳에 있게 한다. 그다음 부드럽게 숨을 내쉰다. 숨을 들이쉴 때마다 조금씩 더 깊이 들이쉰다. 상실감을 가능한 한 온전히 느끼고 그 경험 안에 머무는 것이 우리가 하려는 일의 전부이다. 이것이 항복의 과정이다.

때로는 고통과 싸우지 않고 고통 속에 머무는 일이 가능하다. 물론 할 수 있는 일이라고는 몇 번의 숨 동안 상실감을 느끼는 게 고작일 때도 있다. "세 번의 숨 연습"이라는 연습도 있다. 깊이 들어갈 수 없을 때 특히 유용한 연습이다.

세 번의
숨 연습

상실감을 처리하기가 너무 힘들 때라도 상실감에 따라오는 몸의 감각들을 세 번 호흡하는 동안만 느끼기로 결심할 수는 있을 것이다.

짧은 시간이므로 저항하는 에고도 위협을 느끼지 않고 잘 받아들일 것이다. 그리고 세 번의 호흡을 끝냈다면 처음의 결심을 존중하며 더 이상 시도하지 않는다.

하지만 나중에 다시 시도한다. 세 번 숨을 들이쉬고 내쉬는 게 전부지만 반복한다.

이 연습이 상실에 짓눌려 아무것도 할 수 없을 때 완벽한 방법이라고 말하는 사람이 많다.

상실의 감각과 감정들을 가슴 중심으로 불어넣는 것이 조금씩 할 만해지고 편안해질 것이다. 상실감에 그냥 항복하고 받아들일 때 여전히 고통스럽긴 하겠지만 그 와중에도 일종의 평정심이 생긴다. 어떻게 그럴 수 있는지는 미스터리지만 상실을 처리하기 위해 "가슴 호흡"을 이용할 때, 이전에 참을 수 없던 것들을 실제로 환영하는 지점에까지 이르기도 한다. 다시 말하지만 고통은 여전해도 순간순간 일어나는 일에 마음이 더 열리고 그 어떤 달콤함이나 통렬한 깨달음이 생길 수 있다.

애도의 감정이 유난히 강렬하게 올라올 때는 시각을 넓히는 게 도움이 되기도 한다.

엘리자베스와 나는 아우슈비츠 강제 수용소를 방문한 적이 있는데 매우 숙연해지는 경험이었다. 그곳을 떠나면서 나는 그곳 메마른 땅에 있던 작은 돌멩이들을 한 줌 집어 집으로 가져왔다. 그리고 그 돌멩이를 하나씩 주머니에 넣고 다니며 정신적으로 괴로울 때마다 만져보곤 했다. 인간은 누구나 고통받고 있음을 기억하고 싶었다. 그러다 어느 순간부터 그 돌멩이를 내가 학생들을 상담해주는 곳으로 가져가 내 테이블 위에 올려놓았다. 더러 자신이 겪는 괴로움에 대해 토로하는 학생들도 있는데, 그럴 때면 상담을 마친 후 그 돌멩이를 건네주며 내가 그것을 이용하는 방식을 말해주었다. 나는 그 돌멩이로 내 학생들도 우리 모두 고통을 공유하고 있음을 떠올리기를, 그래서 조금 덜 고통스럽게 되기를 바랐다. 당신도 강제수용소 돌을 갖고 다니란 말은 물론 아니다. 자신의 감정들을 좀 더 넓은 시각으로 보자는 말이다.

상실을 경험하는 것이 점점 쉬워질 거라고 혹은 모든 상실이 다 똑같다고 말하는 것도 아니다. 우리를 때려눕히고야 마는 상실도 있다. 예를 들어 나이가 듦에 따라 성적인 욕망도 조금씩 사라지는데 이것은 자연스러운 일이다. 하지만 많은 사람에게 특히 남자에게 이것은 마치 인생이 끝난 것 같다. 젊음의 마지막 흔적이 사라진 것 같기 때문이다. 신장암 수술 후 나는 몇 주 동안 온몸에 줄을 꽂고 있어야 했고 두 달 이상 섹스는 불가능했다. 나는 그런 일은 생각해 본 적도 없었다. 섹스는 죽을 때까지 할 수 있을 거라고 무의식적으로 믿고 있었던 것이다.

처음에 섹스를 다시 할 수 없다고 생각했을 때 내 존재의 중요한 무언가가 영원히 사라진 것처럼 큰 충격을 받았다. 하지만 상실의 그 통렬한 감정을 가슴 중심으로 불어넣자 내 안의 무언가가 변했다. 나는 내 인생이 실패한 것이 아니고 엘리자베스와 여전히 부부로서 진정 친밀한 행위들을 누릴 수 있으며 심지어 더 깊은 수준에서 그럴 수 있음을 깨달았다. 예전 같은 섹스는 이제 불가능할 수 있음을 인식하고 상실감에 항복하는 것으로 나는 그 사실을 받아들였는데, 그러자 나 자신도 놀랍게도 그 사실이 정말 아무렇지도 않았다. 그리고 새로운 종류의 부부 관계라는 다른 방향으로 온 마음을 다해 진지하게 들어가게 되었다. 다행히도 섹스는 다시 할 수 있게 되었지만, 그때 나는 뭔가 중요한 것을 배웠고 내 몸에 대한 집착을 조금 버릴 수 있었다.

무언가를 잃어버릴 때마다 우리는 집착에서 벗어날 기회를 얻는다. 섹스를 할 수 없게 되었거나 파트너를 잃었다면 성적 욕망에 대한 집착에서 조금씩 자유로워질 수 있다. 성적인 욕망 대신 글쓰기나 예술 활동, 정원 일 같은 그동안 미처 시작하지 못한 창조적 활동에 주의를 돌릴 수도 있다. 하고 싶었는데 하지 못했던 일이면 뭐든 좋다. 아니면 친구를 사귀며 육체적 관계와는 다른 종류의 연결을 추구하는 쪽으로 주의를 돌릴 수도 있다. 젊었을 때 모습이 사라졌다면, 다시 말해 흰머리와 주름을 받아들여야 할 때라면 매력적인 외모에 대한 집착을 버릴 기회가 생긴 것이다. 그럴 때 느끼는 상실감을 가슴 중심으로 불어넣어 보면 매력적인 외모는 하나도 중요하지 않음을 깨닫고 아주 자유로워질 수 있다. 이 얼마나 후련한 일인가! 젊음이 주는 생명력에 대한 뿌리 깊은 집착도 마찬가지이다! 활력이 넘치고 체력이 좋으면 늘 피곤한 것보다야 분명히 낫다.

하지만 "젊음을 잃는 것"이 정말 무엇을 의미하는지 제대로 들여다 볼 때—그러기가 늘 쉽지는 않지만— 천천히 가고 단지 존재하는 우리의 새로운 능력에 감사하게 될지도 모른다. 늘 움직일 정도로 에너지가 넘칠 때는 천천히 가고 단지 존재하기가 거의 불가능하니까 말이다.

어떤 상실이든 상실은 언제나 땅이 꺼지는 것 같고 그런 상실이 계속 이어지면 아침에 몸을 일으키기도 어렵다. 하지만 가슴 중심으로 상실감을 불어넣고 온전히 느낄 때 우리 존재 안에서 무언가가 바뀐다.

집착의 단단한 손을 조금씩 풀 때마다 우리 마음은 그만큼 더 열린다. 그리고 한탄하고 자기 연민에 빠져 사는 대신 새롭게 얻은 가벼운 삶에 감사하며 살게 된다. 나이 듦과 상실은 의심할 여지 없이 힘든 일이지만 가장 힘든 경험이 우리를 가장 풍요롭게 해주는 것도 사실이다. 중요한 것은 끈기이다. 단지 포기하지 않는 것만으로도 좋다.

내가 가장 좋아하는 사자성어는 "칠전팔기七顚八起"이다. 흔한 말이긴 해도 포기하지 말아야 함을 기억하기에는 여전히 좋은 말이다.

7
외로움과
무력감

외로움

지난 몇 년 동안 어쩌면 당신은 그 어떤 근본적인 의미에서 혼자라는 사실과 살면서 처음으로 철저히 대면했는지도 모른다. 다른 사람이 옆에 있어도 혼자인 것 같고 인생 대부분을 가까운 사람들과 나누었음에도 마지막 몇 년은 기본적으로 혼자 보내야 함이 무섭도록 분명해졌을 수도 있다. 심지어 죽을 때도 혼자일지 모른다. 정말이지 이 혼자라는 것, 이 외로움이 나이 듦에 있어 가장 괴로운 것의 하나임은 분명하다.

누구나 혼자 태어나고 혼자 죽으며 그 사이에 잠시 다른 사람들과 연결되어 그 근본적 외로움을 무디게 하는 것이 인생이라고 한다. 하지만 일생 건강하게 지속되는, 사랑하는 관계에 있을 때조차 우리는 언제나 타인과의 사이에서 거리를 느낀다. 스콧 터로Scott Turow는 "타인의 안에 무엇이 들어 있는지 우리가 한 번이라도 본 적이 있었던가? 타인이 늘 미스터리라면 타인을 이해할 가능성이 과연 있는가?"라고 물었다.

때로 느낄 수밖에 없는 존재론적 고립을 뜻하는 이 거리는 어쩌면 도저히 건널 수 없는 것일지도 모른다. 나이 듦에 대면해 정직해진다는 것은 이 근본적인 외로움을 인정해야 한다는 뜻인지도 모른다. 누구나 때로 근본적인 외로움을 느끼고 그 외로움에 직접 대면하지 않는 한 늘 외로움을 두려워한다. 흥미롭게도 인생에서 가장 중요한 것은 아무도 가르쳐주지 않는다. 바로 자신과 편안해지는 법 말이다. 철학자 파스칼은 인간 비극의 대부분은 조용한 방에 혼자 앉을 수 없는 것에서 시작된다고 했다.

외로움 앞에서 두려워하고 싶지 않아서 사람들은 거의 무슨 짓이든 한다. 오락거리를 찾고 바쁘게 움직이거나 도피처를 찾는다. 외로움이 싫어서 심지어 관계를 이용하기도 한다. 하지만 궁극적으로는 외로움과 기꺼이 합의를 보는 것이 평온하게 나이 듦에 있어 아주 중요하다.

편안하고 즐겁기 위해 타인에 의지해서는 안 된다는 말이 아니다. 사회적 접촉에 대한 욕구는 어쨌든 인간 본능이니까 말이다. 이 욕구를 무시하면 고독한 가운데 겪지 않아도 되는 괴로움을 겪어야 할 수도 있다. 파트너의 죽음이나 이혼으로 혹은 자진해서 고립하는 성향 때문에 혼자가 된 사람이라면, 모든 고통으로부터 자신을 보호하겠다고 벽을 쌓는 습관을 조심해야 한다. 보호벽 쌓기를 그만두지 않는 한 우리는 소외와 외로움이라는 불행한 감정들을 계속 경험하게 될 것이다. 시간만 보내는 피상적인 시도들이 아닌, 접촉에 대한 욕구를 충족해 주는 사람과 활동들을 찾아내는 것도 지혜롭게 나이 드는 한 방법이다. 관계와 사회적 활동은 피상적이지 않고 진짜여야 한다. 진짜 만족감을 얻고 싶다면 말이다.

나는 10년 동안 호스피스 병동(죽음이 가까운 환자를 입원시켜 위안과 안락을 얻을 수 있도록 하는 특수 병원 _ 역자 주)에서 자원봉사자로 일했다. 내 일은 환자들이 죽어가는 마지막 몇 달 동안 환자들이나 가족들 옆에 앉아 있어주는 것이었다. 내가 담당했던 환자들을 보면서 나는 마지막 순간이 다가올 때 그들과 진정 함께 있어주는 타인의 능력이 그들이 느끼는 근본적인 외로움을 얼마나 줄여주는지 목격했다. 타인의 존재가 불러오는 연결의 느낌은 죽음에 가까워질 때 드러나는 지혜 중 하나이다. 이것은 우리가 기본적으로 혼자라도 동시에 진정으로 연결되어 있다는 역설을 이해하는 지혜이다.

외로움을 두려워한다고 해서 혼자 고요히 존재함을 즐길 수 없다는 뜻이 아니다. 곧 오락과 활동에 대한 욕구가 일어난다고 해도 고독을 즐기는 것은 멋진 일이다. 욕구가 일어나면 그것을 알아차리고 욕구를 따라갈지 다시 고독으로 돌아갈지 선택할 수 있다. 우리는 혼자일 수 있을 때 비로소 외로움의 고통을 고독이 주는 안정으로 바꿀 수 있다. 바로 이때 자신과 편안해진다. 그렇다고 하더라도 외로움이 우리를 강타하는데 자신과 편안해지는 능력이 저절로 생기지는 않는다.

외로울 때 우리는 소외와 분리를 가장 크게 느끼고 이것은 고통스럽다. 자신이 부족한 인간이라는 혹은 혼자가 될 거라는 우리 가장 깊은 두려움이 커진다. 타인이 필요하다는 것은 우리 인생을 목격해 줄 사람, 끊이지 않는 우리의 이야기를 들어줄 사람이 필요하다는 뜻이다. 그런 사람이 없다면 우리는 공허를 느낀다. 다시 말해 자신이 정말 존재하는 것 같지 않고, 시시한 존재 같고, 사랑받지 못하는 존재 같다. 자신의 이야기가 없다면, 그 이야기를 들어줄 사람이 없다면 극도로 동요할 것이고 자신의 인생에 과연 무슨 의미가 있나 의심하기 시작할 것이다.

더 이상 바쁘게 사는 것으로, 자신의 역할을 다하는 것으로 외로움을 덮을 수 없을 때 가장 깊은 존재론적 질문이 떠오른다. "나는 대체 무엇 때문에 살아야 하는가?" 어쨌든 오랫동안 우리의 이야기는 우리가 누구이고 우리의 가치가 무엇이냐에 대한 것이었다. 그런 우리의 이야기가 사라진다면 우리는 당연히 불안해진다. 하지만 나이 듦이 주는 가장 좋은 점이 그런 자신의 이야기를 초월해 정말 중요한 것과 더 잘 접촉할 수 있다는 점이다. 나태한 사회적 교류의 낡은 패턴들을 선택하는 대신, 인생이 나아갈 방향을 제대로 질문하기 시작할 때 우리는 사회적 활동들을 좀 더 의도적으로 선택할 수 있다. 단지 말하기 위해서 말하는 것이 아니라 더 의미 있다고 생각하는 것들에 대한 진짜 대화를 나눌 수 있다.

나이가 든다고 해서 의식적으로 살고, 의식적으로 말하는 능력이 선물처럼 저절로 생기지는 않는다. 반성과 노력이 없다면 나이가 들어도 그동안 반복해 왔던 습관과 반응들을 계속 이어갈 수밖에 없다. 그렇게 해서 외로움의 고통이 경감될 리는 아마도 없을 것이다.

외로움 같은 힘든 감정에 직면했을 때 많은 사람이 도움이 된다고 한 구체적인 연습이 있다. 엘리자베스는 이 연습에 "RRR"이라는 이름을 지어주었다. Recognize, Refrain, Return의 머리글자를 딴 것이다. 간단히 말해 우리는 먼저 우리가 구체적으로 무엇을 느끼고 있는지와 우리가 반복하는 "나의 이야기"를 Recognize, 즉 알아보아야 한다. 이것이 늘 명확하게 보이지는 않는다. 외로움은 안절부절못하거나 지루해하는 모습을 보이다가 갑자기 우울로 변신하기도 하기 때문이다. 그러므로 그 바탕의 감정이 사실은 외로움임을 분명히 보는 것이 첫 번째이다.

두 번째 단계는 Refrain, 즉 삼가는 단계이다. 무엇을 삼가야 하는가? 기본적으로 우리는 생각이 날뛰는 걸 삼가야 한다. "이건 아니잖아" "이건 도저히 참을 수가 없어" "왜 계속 이렇지?" 같은 생각들 말이다. 이런 생각을 반복하고 있는 게 보이면 "거기로 가지

마!"라고 말하며 그 흐름을 끊어야 한다. 하지만 느낌을 차단하는 것은 아니므로 억압은 아님을 꼭 이해해야 한다. 단지 생각의 진창 속에서 뒹굴지 않게 생각들을 구석으로 몰아두는 것이다. 그렇게 생각과 거리를 두었다면, 이제 세 번째 R인 Return, 즉 돌아갈 수 있다.

어디로 돌아가란 말인가? 우리는 현재 몸의 감각들을 정확하게 느끼는 것을 시작으로 외로움의 현재 순간으로 돌아간다. 삼갈 때 우리는 느낌이 아닌 외로움을 가중하는 생각들로부터 등을 돌렸다. 우리는 우리 몸의 느낌들을 억압하지는 않았다. 따라서 아무리 강렬하고 고통스럽더라도 지금 느껴지는 것을 진정으로 느끼는 것이 가능해진다. 그리고 그 방법은 "가슴 호흡"이다.

앞에서 애도와 상실의 감정을 다루며 했듯이 가슴 중심으로 들어가는 숨을 따라가면서 외로움의 감각들을 가슴 중심으로 불어넣는다. 그다음 부드럽게 숨을 내쉰다. 외로움의 감각들을 가슴으로 불어넣고 그것들을 온전히 느낄 때 외로움은 천천히 무언가 아주 다른 것으로 바뀔 수 있다. 그렇게 계속하다 보면 여전히 혼자라도 더 이상 외롭지는 않다. 이것은 평정심이 있는 고독이고 세상의 한 자리에 굳건히 발을 디디고 선 고독이다. 저명한 티베트 불교 명상 지도자인 페마 초드론Pema Chodron은 "파멸에 자신을 거듭 노출하는 정도만큼만 자신 안의 파괴될 수 없는 것이 드러날 것이다"라고 말했다. 참으로 맞는 말이 아닐 수 없다.

알아차리고 삼가고 돌아가는 연습과 감정을 가슴 중심에 불어넣는 연습을 함께 하는 데에는 끈기가 필요하고 단 몇 번의 시도로 의미 있는 변화를 일으킬 일은 거의 없다. 하지만 RRR 연습을 오랫동안 하기는 쉽지 않으므로 "반성적 걷기reflective walking"라고 하는, 아주 다르지만 서로 보완하는 연습을 함께 하는 것이 도움이 될 수 있다. 반성적 걷기는 베트남 선사禪師 틱낫한의 걷기 명상의 파생 연습 같은 것이다. 가능하면 공기와 식물과 소리를 접할 수 있는 야외에서 하는 것이 가장 좋다. 그리고 공원을 한가로이 걸을 때처럼 아주 천천히 걷는 것이 가장 좋다. 실제 방법은 다음 네 개의 짧은 문장을 사색하며 걷는 것이다. 이 문장들에 집중하면서 동시에 내외면 환경의 변화도 계속 알아차린다.

내가 수년 동안 이용한 문장들은 다음과 같다.

걸으면 마음은 방황한다.
소리를 한 번 들을 때마다 마음이 돌아온다.
호흡을 한 번 할 때마다 가슴이 열린다.
한 번 걸을 때마다 땅과 접촉한다.

각각의 문장은 사색할 거리를 제공하고 동시에 우리 주의를 돌린다. 첫 문장, "걸으면 마음은 방황한다"는 우리 마음이 실제로 어떤지를 묘사한다. 외로울 때 우리 마음은 외로움과 자기 연민에 관한 생각으로 방황할 것이다. 두 번째 문장, "소리를 한 번 들을 때마다 마음이 돌아온다"는 소리를 들으며 주변을 느끼게 하고 그렇게 우리가 실제로 느끼는 것으로 주의를 돌리게 한다. 세 번째 문장 "호흡을 한 번 할 때마다 가슴이 열린다"는 가슴 중심으로 숨을 들이쉬는 데 집중하게 하고, 가능할 때라면 (외로움에 관한 생각과 이야기들이 아닌) 외로움의 감각을 부드럽게 들이쉬게 한다. 마지막 문장 "한 번 걸을 때마다 땅과 접촉한다"는 시간이 영원하지 않다는 사실을 상기시키고, 우리가 여전히 땅 위를 걸을 수 있고 듣고 호흡할 수 있음에 감사하게 한다.

걸을 수 없는 상태라면 앉거나 눕는 것으로 문장을 바꾸기만 하면 된다.

앉으면 마음은 방황한다.
소리를 한 번 들을 때마다 마음이 돌아온다.
호흡을 한 번 할 때마다 가슴이 열린다.
호흡을 한 번 할 때마다 살아 있음을 느낀다.

반성적 걷기는 아무 때나 할 수 있으면서도, 어렵고 강도 높은 RRR 연습을 잘 보완한다. 이 두 연습을 번갈아 할 때 외로움 극복 작업이 덜 음울하게 혹은 덜 무겁게 느껴질 것이다. 단지 밖으로 나가 걷는 것만으로도 "나"에 대한 몰두에서 벗어나 좀 더 가벼워질 수 있다. 반성적 걷기는 외로움 극복만이 아니라 다른 힘든 감정들을 처리하는 데에도 유용하다. 꼭 이 반성적 걷기가 아니라도 걷는 행위에 주의를 집중하게 하는 다른 재미있는 방식도 좋다.

혼자가 되는 것에 대한 근본적 두려움에는 알아차리기 쉽지 않은 다른 두려움도 포함되어 있는데, 바로 타인만이 아니라 자신의 마음과 분리되는 것에 대한 두려움이다. 이런 분리 느낌은 나이가 들면서 더 커질 수 있다. 외로움보다 우리를 더 깊이 파고들기도 하는 이 분리 느낌은 우리 가슴 혹은 배에서 떨고 있는 딱딱하게 뭉친 덩어리로 드러나기도 한다. 깊이 들어가 보면 기본적인 연결을 추구하는 마음만큼 실제로 존재하는 것은 없다. 이 마음은 가장 진실한 우리 자신이 되도록 하는 익명의 충동이다. 이 충동을 외면할 때도 우리는 분리나 소외의 존재론적 불안에 갇히게 된다.

나이 듦은 우리에게 결국 누구나 죽는다는 것을 가르쳐준다. 알고 지낸 사람들이 죽기 시작하면 우리는 우리 자신과 우리가 사랑하는 사람들에게도 시간이 그다지 많지 않음을 점점 더 확실히 알게 된다. 이때 분리와 불안을 느끼는 것은 당연하다. 엘리자베스가 유방암 진단을 받았을 때 나는 분리와 상실에 대한 두려움을 강하게 느꼈다. 하지만 그런 불편한 느낌도 인간적인 것임을 기꺼이 인정하는 것도 나이 듦의 지혜이다. 이 나이 듦의 지혜는 상실에 대한 통렬한 두려움을 가슴 중심으로 불어넣고 아무리 불편하더라도 단지 그곳에 있게 허락할 때 더 깊어진다.

불편함과 진정으로 함께할 때, 때로 가슴에 구멍이 뚫린 것 같기도 하지만 인간의 조건이 기본적으로 고통임을 이해한다. 이 존재론적 조건을 감내하고 해답을 구하지 않고 밀어내지도 않으며 그것과 함께할 때, 가장 실재하는 것이 저절로 그 모습을 드러낸다. 아무것도 바꾸려 하지 않고 삶의 현실에 항복하며—다시 말해 고통이 있지만 고통만 있지는 않은 현실에 항복하며— 우리 가슴에서 안식을 찾을 때 불편한 경험이 모종의 방식으로 진정한 평정심으로 바뀐다.

무력감

외로움이 나이가 들면서 맞닥뜨리는 가장 큰 시험 중 하나라면 할 수 있는 게 아무것도 없는 무력감은 심지어 더 어려운 시험처럼 느껴진다. 무력감은 미리 대비할 수 없는 종류의 시험임에 분명하고 우리 중 가장 강한 사람조차 생초짜처럼 느끼게 하는 감정이다.

심각한 병을 진단받았을 때, 긍정적인 사고의 흐름에 편승해 "병과의 전쟁에서 이기고야 말겠다"라고 선언하기가 그리 어렵지는 않다. 하지만 실제로 육체적·감정적 증세들을 처리해야 하는 현실에 직면하면 우리는 급격하게 달라진다. 충격받은 것처럼 무력감이 다가오고 그 즉시 기가 완전히 꺾이고 만다. 예를 들어 수술 때문이든 다른 심각한 문제 때문이든 입원하게 되고 마침내 퇴원하게 되면 이제 위기는 지나갔다고 생각할 수 있다. 하지만 예전처럼 할 수 있는 것은 아무것도 없다. 끝도 없이 이어지는 이런저런 증세들과 미래에 대한 불확실성이 매일 우리를 무겁게 짓누른다. 육체적·감정적으로 상상도 못 했던 방식으로 힘들다. 간단한 재활 행위조차 얼마나 힘든지 겪어보고 충격에 휩싸인다. 힘들기만 한 게 아니라 모욕감까지 느낀다. 약하고 부서지기 쉬운 몸이 자립적이고 강한 사람이라는 기존의 정체성에 강하게 도전한다.

차도가 있는 듯해 희망이 차오르다가도 또 그렇지 못해 절망한다. 그러길 반복하다 보면 인생이 그렇게 불안할 수가 없다. 생각했던 것보다 끝이 더 가까울 수 있음을 깨닫는다. 그래서 어쩌면 매일을 마지막 날인 것처럼 살고 싶다는 낭만적인 생각에 솔깃할 수도 있다. 하지만 현실은 원하는 일들을 하기는커녕 "긍정적인 자세를 유지할" 힘도 없다. 여행은 생각도 할 수 없고 외식조차 고생스럽다.

하지만 이때가 어쩌면 나이가 들면서 꼭 필요한 일, 즉 우리에게 정말로 중요한 것이 무엇인지 봐야 할 때인지도 모른다. 그러려면 특히 우리가 상상했던 미래가 사라졌음을, 그리고 그 상실감을 있는 그대로 보아야 한다. 눈물이 쏟아질 수도 있지만 그런 현실을 부인할 필요는 없다. 자신에게 솔직해지고 곧 다가올 것에 마음을 열고 기꺼이 상처받겠다고 말하면, 그 힘든 시기가 아주 가치 있는 시기로 변할 수 있다.

40대 초반 나는 면역계 관련 심각한 병을 진단받았다. 그 후 몇 년 동안 조금씩 낫는 듯했지만 47세가 되자마자 절대 나을 수 없을 것 같은 심한 재발을 경험했고 그 후 오래 시달렸다. 거의 3년 동안 내가 알던 내 인생이 무너지는 것을 지켜봤다. 일을 할 수 없었고 육체적 활동도 전혀 할 수 없었으며 (이제는 아무것에도 집중할 수 없으므로) 노련한 명상가로서, 목수이자 하청업자(나의 밥벌이)로서, 남편이자 아버지로서의 나의 기본적인 정체성들이 무너졌다. 뿌리가 뽑히는 것 같아서 나는 무서웠고 정신을 차릴 수 없었다. 어느 날 샤워를 하고 머리를 감았을 뿐인데 너무 지쳐버려서 나는 샤워실 밖으로 나와 몸을 말릴 힘도 없었다. 나는 샤워실에 서서 도저히 헤어나오지 못할 것 같은 절망과 상실감을 느꼈다. 그 순간에는 무력감이 너무 강해서 앞으로 나아갈 용기가 전혀 생길 것 같지 않았다.

그러던 어느 날 예전에 조깅하고 부기보드(서핑 보드의 일종 _ 역자 주)를 타곤 했던 해변으로 향했다. 이번에는 해변 위쪽 산책로 난간에 기대어 서핑하는 사람들, 조깅하는 사람들, 축구하고 프리스비(플라스틱으로 만든 원반 _ 역자 주)를 던지며 노는 소년들을 바라보기만 했다. 해변으로 내려갈 힘조차 없었다. 내가 알던 내 인생이 영원히 끝나버린 것 같았다. 자기 연민에 빠지기가 너무 쉬웠다. 무력감 그 자체도 충분히 힘든데 거기다 자기 연민, 분노, 불안 같은 감정까지 올라오니 무력감은 더 심해졌다.

그 순간 나는 알았다. 도움이 필요함을. 하지만 아무도 귀찮게 하고 싶지 않았다. 당시 엘리자베스는 샌디에이고에 살았고 나는 북부 캘리포니아에 살았기 때문에 우리는 교대로 상대의 집으로 가서 시간을 보내곤 했다. 이번에는 그녀가 나에게 올 차례였지만 나는 그녀에게 오지 말라고 했다. 너무 약해진 내 모습을 보여주고 싶지 않았다. 하지만 주말에 누가 현관문을 두드렸고 문을 열자 놀랍게도 그녀가 웃으며 서 있었다. 그 순간 내 모든 자존심이 무너졌고 평소에 내가 얼마나 강하고 독립적인 사람으로 보이고 싶어 했는지 깨달았다. 의지하고 싶은 마음을 부인하려다가 내 집착적인 믿음을 보았던 것이다. 특히 모든 것이 어떠해야 한다는 믿음들 말이다. 엘리자베스에게는 그런 믿음이 없었고, 나에게 무슨 심각한 일이 일어날지도 모른다는 두려움에도 불구하고 그녀 자신을 확장할 수 있었던 것이 도움이 되었다.

무력감, 의존, 불확실함에 대한 두려움과 함께할 수 있게 되자, 그리고 무엇보다 그런 두려움을 느끼는 경험 자체를 연민의 마음으로 볼 수 있게 되자 극적인 전환이 일어났다. 환상에 불과한 자기 이미지가 사라지자 다른 누군가가 될 필요가 전혀 없는 자유를 경험한 것이다. 무력감에 진심으로 항복하고 집착했던 모든 것을 무너뜨리자, 남아 있는 것만으로도 충분하다 못해 넘친다는 것을 깨달았다. 두려움을 가슴 중심으로 불어넣는 법을 배우면 가슴이 점점 더 넓어지는 것 같다. 우리 가슴은 언제나 머리로 상상했던 것 그 이상으로 넓다.

우리는 모두 통제력을 상실하고 무력해지는 것을 무서워한다. 하지만 진정한 자유는 인생이 우리의 통제 속에 있을 것을 요구하는 게 얼마나 헛된 일인지 인식할 때 찾아온다. 그렇게 요구하는 대신 우리는 무기력 자체에 "네"라고 말하고 기꺼이 느껴보는 법을 배워야 한다. 이것은 중증 질병이나 상실에 숨어 있는 선물 중의 하나이다. 중증 질병이나 상실은 우리를 도망갈 수 없는 구석으로 곧장 밀어붙이지만, 그 구석에서 우리는 우리가 진짜 할 수 있는 일은 그 경험에 항복하고 받아들이는 것임을 깨닫는 행운을 얻게 된다.

어느 해 엘리자베스와 나는 바르셀로나로 여행을 떠나기로 했다. 그런데 하필이면 그때 내가 극심한 설사를 동반한 장염에 걸려버렸다. 하지만 우리는 계획대로 떠나기로 했다. 바르셀로나에 도착하니 설사가 더 심해졌지만 나는 숙소에 머무르지 않고 기차를 탔다. 어느 사원寺院을 찾아가기 위해서였다. 반쯤 갔을 때 나는 기차에서 내려 화장실로 향했다. 그런데 그 기차역에는 직원이 아무도 없었고 화장실은 자물쇠로 채워져 있었다. 너무도 치욕스럽게도 나는 바지에 말 그대로 "똥을 쌌다". 우리는 몇 구역을 걸어서야 레스토랑을 하나 발견했고 곧장 화장실로 갔다. 또 치욕스럽게도 그 화장실에는 휴지가 없었다. 하지만 엘리자베스는 조금의 동요도 없이 자기 가방에서 많은 휴대용 휴지를 꺼내 나를 깨끗이 닦아주었다. 살면서 그런 일을 겪으리라고는 생각도 못 했지만, 무력한 존재가 될 때 우리는 굉장히 많은 것을 배울 수 있다. 그 상황에서 내가 할 수 있는 일이라고는 그 일이 그대로 일어나게 두고 있는 자존심, 없는 자존심 다 버려야 함을 깨닫는 것뿐이었다. 내가 끔찍한 기분에 사로잡히기를 거부하고 강하고 독립적인 존재라는 정체성을 포기하자, 우리는 둘 다 그 상황을 훨씬 더 가볍게 받아들일 수 있었다. 무력감과 무기력을 느끼게 해준 경험이 진정으로 친밀한 관계가 무엇인지 알게 해주는 경험으로 바뀌었다.

다른 이야기 하나 더. 나는 암 수술을 받으면서 병원에서 말 그대로 온몸을 들쑤시는 극도로 고통스러운 과정을 겪어야 했고, 그때 생긴 외상 후 스트레스 장애를 그 후 몇 년에 걸쳐 극복해야 했다. 오랫동안 텔레비전에서 병원 장면이 나오기만 해도 눈을 질끈 감아야 했다. 그 고통스러웠던 과정의 이미지가 머릿속에 떠오를라치면 그냥 세상에서 사라지고만 싶었다. 외상 후 스트레스 장애에 시달리는 사람이라면 잘 알겠지만 그런 무력감은 쉽게 마비 증세로 바뀔 수 있다. 나의 경우 동반 질병이 나타날 때, 약물 치료를 해야 할 때, 그래서 또 부작용을 겪을 때, 무력감은 한 번씩 더 깊어졌다. 아무것도 예측할 수 없었고 몇 시간 이후의 일도 계획할 수 없었다. 미래를 떠올릴 때마다 어렴풋이 불행한 결말이 보이는 듯했다. 덧붙여 온 세상이 위험해 보였다. 다음에는 또 어떤 일이 다가올지 누가 알겠는가? 두려운 생각들을 강하게 믿어서 고통이 더 커지는 것은 유사한 상황에 부닥친 사람들이 흔히 경험하는 일이다.

얼굴과 머리의 신경에 총 맞은 것 같은 통증이 찾아올 때면 나는 그 즉시 자동으로 "또야? 이건 아니지!" "이거 더 심해질까?" "조금이라도 나아지기는 할까?" "더는 못 해!" 같은 생각을 했다.

하지만 모든 것이 정말 나쁜 것처럼 보일 때조차—정말 힘들 때도 있었지만— 나는 그 감각들을 가슴 중심으로 불어넣고 저항하기를 그만둘 것을 다짐했다. 그러면 항상 어느 정도 평정심을 되찾을 수 있었다. 고통이나 불안이 사라지지는 않았지만 내 존재가 더 커진 느낌이었고 그 더 커진 존재 안에서는 내가 기본적으로 괜찮음을 알 수 있었다.

하지만 모든 것이 금방 또 바뀔 수 있음을 나 역시 잘 알고 있다. 많은 사람에게 나이 듦과 함께 오는 변화들, 특히 무력감을 둘러싸고 오는 변화들이 객관적으로 힘들 수 있음을 나는 잘 알고 있다. 나는 그런 변화들이 원래 힘든 것이라고 말하는 것이다. 그것들에 대한 우리의 자세 때문에 혹은 모든 것이 그렇지 않아야 된다고 기대하기 때문에 힘든 것만은 아니라는 것이다. 우리의 자세와 기대를 개선할 수도 있지만 그런 상황들이 부르는 객관적인 어려움도 부인할 수는 없다.

오랫동안 점점 악화하는 병이라면 덧붙여 한 가지 중요한 문제가 생길 수 있다. 의학적 과정과 약물 치료가 항상 최고의 해결책은 아니라는 것이다. 의학적으로만 접근하는 것이 삶의 질을 명백하게 떨어뜨리는 경우가 많다. 이때는 삶이 끝을 향해 가고 있음을 직시할 용기가 필요하다. 그리고 그런 깨달음에 상응하도록 행동하는 데에도 용기가 필요하다. 특히 자주 그렇듯 가장 바람직한 행동이 무엇인지 분명하지 않을 때 더 그렇다. 우리는 지금의 상황과 우리 앞에 놓인 선택지들을 분명히 볼 수 있어야 한다. 중증 질병 혹은 불치병을 갖고 있다면 끝나지 않을 의학적 간섭으로 고통을 연장하는 실수를 하게 될까 봐 두렵다. 남아 있는 날들을 의사와 기술이 시키는 대로 하며 보내고 싶지는 않다. 다른 한편으로는 의학적 간섭을 너무 빨리 포기하는 실수를 하게 될까 봐도 두렵다. 중요한 결정을 내리기 전에 우리는 가능한 한 준비가 되어 있어야 한다. 그러려면 자신에게 무엇이 가장 중요한지 알아야 한다. 삶의 질이 확연히 떨어지더라도 나아질 거라 희망하며 모든 의학적 도움을 계속 받고 싶은가? 아니면 남은 시간을 가족을 위해 그리고 자신이 가장 가치 있다고 생각하는 것들을 위해 바치고 싶은가? 얻을 것과 잃을 것이 무엇인지 분명히 알게 되면 가장 좋은 선택을 할 수 있다.

앞으로 어떤 길이 펼쳐질지 도무지 감을 잡을 수 없을 때 사람들은 자신의 삶을 의식적으로 끝내는 것을 하나의 선택지로 고려하기도 한다. 이것은 쉽지 않은 문제이다. 죽음 직전 상태거나 안락사가 합법인 나라에 살지 않는 한, 삶을 마감하는 방법은 아주 신중하게 생각할 필요가 있다. 내가 겪었던, 객관적으로도 매우 힘들었던 시기들을 되돌아볼 때 나는 미래에는 의식적 자살이 어떤 사람들에게는 고려해 볼 만한 옵션이 될 수도 있다고 생각한다. 지금의 나는 그런 선택을 하지 않을 것 같지만, 그런 가능성을 고려하는 사람이라면 꼭 정신적·육체적으로 충분히 건강할 때 준비를 시작해야 할 것 같다. 치매나 다른 심각한 장애로 인해 이미 많이 허약해진 상태라면, 의식적 자살에 필요한 결정과 계획을 할 만큼 맑은 정신을 유지하기가 혹은 사랑하는 사람들에게 마지막 인사를 하고 그 결정을 어느 정도 편안하게 받아들일 수 있도록 하기가 불가능할 수도 있다.

그런데 객관적으로 봐도 힘든 상황이 분명할 경우에도 도움이 되는 명상이 있다. 이 명상의 목적은 자신으로 향한 아주 좁은 초점에서 벗어나는 것이고, 타인의 고통에 다가가는 것을 통해 결과적으로 자신도 치유를 경험하는 것이다. 역설적으로 타인의 고통을 알아차리는 것이 자기 몰두적인 무력감에 꼭 필요한 해독제가 되기도 한다. 고통은 종종 가슴을 열게 하는 가장 효과적인 도구가 된다.

연민 명상

먼저 한동안 호흡하며 가슴 중심에 주의를 집중하는 것으로 시작한다. 가슴 중심에서 느껴지는 감각의 질감과 성질을 느껴본다.

당신이 지금 겪고 있는 육체적·감정적 고충을 떠올린다. 다만, 그 이야기에 집중하지 않고 그 고충을 최대한 육체적으로 느낀다.

그다음, 지금 당신과 유사한 병, 두려움, 수치심 등을 겪고 있는 사람들을 떠올린다. 전 세계에 수많은 사람이 그 고통을 공유하고 있음을 떠올리고 그들의 이미지를 들숨과 함께 가슴 속으로 불어넣는다. 다음 숨을 내쉬며 그들에게 그 고통에서 치유되기를 바라는 당신의 마음을 보낸다.

모두가 공유하는 고통의 보편성을 느껴본다. 이것은 다른 사람의 고통의 무게를 떠맡는 것이 아니라 단지 당신처럼 고통받는 사람이 많다는 사실을 의식하려는 것이다.

그들의 이미지를 당신의 이미지와 당신의 고통과 함께 다시 들이쉰다. 그리고 다시 숨을 내쉬며 그들에게, 당신 자신에게, 모두가 공유하는 고통 그 자체에게 치유의 바람을 보낸다.

당신의 고충을 느끼며, 고통을 겪는 다른 사람과의 연대감을 느낀다.

"공유하는 존재"의 보편성, 모든 사람과 모든 삶과 연결되어 있음을 느껴본다. 이것이 연민으로 고통을 포용하는 깨어난 가슴이다.

모두가 공유하는 고통 혹은 그 고통을 공유하는 존재들과 연결되지 못해도, 다시 가슴 중심으로 숨을 들이쉬고 내쉬는 일로 돌아온다. 그곳의 질감을 느낀다.

그 넓은 가슴 속에서 쉰다.

짧은 버전

강력한 두려움이 올라올 때 언제든 즉시 이용할 수 있는, 앞 명상의 짧은 버전이다.

먼저, 유사한 두려움을 가진 친구를 한 명 생각하고 숨을 들이쉬며 그 친구를 가슴 중심으로 데리고 가는 것으로 그 친구에게 친절을 보낸다. 숨을 내쉬며 "너는 그 어려움에서 치유될 것이다"라고 말한다.

이어서 바로 당신이 느끼는 두려움에 대한 감각들을 숨을 들이쉬며 가슴 중심으로 보낸다. 그리고 숨을 내쉬며 친구에게 했듯이 똑같이 당신 자신에게도 친절을 보낸다.

우리는 기본적으로 타인의 안녕을 바라는데, 그 바람을 드러낼 때 모종의 이유로 우리 자신도 더 안녕하게 된다.

나는 짧은 만트라mantra(불교나 힌두교에서 기도 또는 명상 때 외우는 주문 또는 주술 _ 역자 주)를 외우기도 하는데 이것도 나 자신과 타인에 대한 연민을 빠르게 느끼는 데 좋다. "모두 고통스럽다. 모두 괴롭다. 모두 죽는다"라는 만트라이다. 그 실질적인 의미를 잘 음미하며 외우다 보면 항상 만물의 더 큰 이치를 상기하게 되고 내 개인적인 감정적 고충에서 벗어나게 된다.

아무리 연습해도 외로움과 무력감이 계속 우리를 힘들게 할 수 있다. 하지만 나이가 듦에 따라 진정성 있게 산다는 것은, 변화와 미지의 것에 그리고 무슨 일이 일어나든 그것에 마음을 열어야 한다는 뜻이다. 맞다. 우리는 변화와 불편해질 것이 두려워 잔잔한 물을 선호한다. 하지만 더 진정한 삶을 원한다면 변화에 대한 두려움보다 안락함과 안주에 대한 욕망이 더 유독함을 알고 이것들을 더 경계해야 한다. 나이 듦의 이 모든 과정은 분명 용기를 요구한다. 최악의 순간에는 모든 것이 좋았을 때는 몰랐던, 보고 싶지 않은 우리의 모습이 드러날 수도 있다. 하지만 그래도 작정하고 깊이 들어가 본다면 내면의 자유로 향한 문이 열릴 것이다.

현재 순간의 육체적 현실에 항복하면 숨을 들이쉴 때마다 우리는 더 깊이 들어가는 법을 배운다. 무력감은 최악의 두려움조차 진정한 평정심으로 바꿀 수 있다. 무력감은 우리 가장 깊은 집착들을 포기하게 만들고 인생이 지금 실제로 드러내는 것에 항복하게 만들기 때문이다.

8
육체적
통증

인생은 고통이다라고 했을 때, 붓다는 불가피하게 찾아오는 육체적 통증도 분명히 염두에 두었을 것이다. 몇 년 전 신장암 수술을 받은 후 나는 심각한 수술 후 부작용들을 겪었고 지금까지도 만성 국소 신경통 문제를 갖고 있다. 통증 문제는 이번이 처음은 아니다. 나는 거의 30년 이상 면역계 문제부터 시작해 크고 작은 이런저런 통증과 불편함을 해결하며 살아왔다. 그리고 나보다 훨씬 더 큰 통증을 안고 살아가는 사람들이 많다는 것도 잘 알고 있다. 하지만 이번 신경통은 내 모든 주의를 사로잡을 정도로 강했다. 그래서 내가 배운 육체적 고통을 다루는 법에 대한 세부 사항들을 모두 다시 검토해야 했다.

내 생각에 "통증이 찾아올 때 우리는 대개 통증을 외면한다"라고 말하는 것이 꽤 정확한 표현 같다. 그뿐만 아니라 우리는 육체적 통증을 정신적·감정적 괴로움으로 아주 빨리 바꾸어버리는 능력도 꽤 탁월한 것 같다.

통증 증후군

통증이 있을 때 두렵고 걱정되는 것은 당연하다. 그리고 이것은 보통 그 통증을 없애려는 노력으로 이어진다. 사실 우리 사회에서 우리가 기대하는 것이 그렇다. 우리는 인생에 통증이 없어야 한다는 특권 의식 같은 걸 어느 정도 갖고 있다. 그래도 통증이 계속되면 최악의 경우 통증 증후군이 나타나기 시작한다. 사고로 인한 단기적인 것이든 만성 질병으로 인한 장기적인 것이든, 육체적 통증과 그 통증에 대한 감정적 반응이 늘 우리 주의를 사로잡는 것이 통증 증후군이다. 통증 증후군이 생기면 우리의 삶은 거의 전적으로 우리가 느끼는 감정을 중심으로 돌아가기 시작한다.

만성 통증이라면 우리는 그 통증이 얼마나 지속될지, 언제 사라질지 혹은 사라지기는 할 건지 알 수 없고, 사라졌다고 해도 언제 다시 돌아올지 모른다. 통증이 계속될 것 같아 불안하고 통증이 사라지면 잠깐은 기쁘다가도 또 언제 다시 올지 몰라 불안하다. 온 인격과 정신이 통증과 통증의 변덕에 점점 더 집중하게 되는 상황이 벌어진다. 이러한 과잉 경계는 질병을 둘러싸고도 일어난다. 성공적으로 치료가 되었다고 해도 그 상태가 오래 가지 못할까 봐 두렵다.

우리는 통증 혹은 병이 재발했음을 알려주는 표시들을 절대 놓치지 않는다. 아주 작은 통증이나 변화로도 불안해지고 심지어 곧 죽을 것처럼 절망한다. 이럴 때 우리가 겪는 괴로움이 실제 통증과 질병 그 자체보다 더 심각하다. 미국만 봐도 만성 통증에 시달리는 성인이 약 1억 명 정도로 추정됨을 볼 때, 나이와 함께 찾아오는 통증을 다루는 보다 효과적인 대안이 절실한 것 같다.

약을 절대 먹지 말라는 뜻이 아니다. 통증이 심하면 대체 요법은 약을 보충하는 정도로만 이용되어야 한다. 나도 신경통을 줄이기 위해 때로 진통제를 먹어야 한다는 사실을 받아들였다. 하지만 진통제를 먹기 시작하면 의존과 중독의 나락으로 떨어질 수도 있음에 주의해야 한다. 통증을 완화하는 데 꼭 필요한 정도의 약은 복용하되, 언제나 뒤따를 수 있는 심각한 부작용의 위험은 피할 수 있게 적절한 균형을 유지하는 일은 섬세한 감각을 요구하는 매우 어려운 문제이다. 바로 그래서 한방 침, 요가, 생되먹임biofeedback (뇌파를 이용하여 정신 상태를 안정시키는 기법 _ 역자 주) 같은 대체 요법과 이 책에서 내가 탐구하고 있는 접근법과 명상법이 보충적인 치료법으로 유용할 것이다.

우리가 무엇을 하든 우리의 접근 방식에는 감정에 기반한 우리의 믿음이 어떻게 고통을 심화시키는지에 대한 인식이 포함되어야 한다. 그리고 통증을 어떻게 처리하느냐에 따라 고통이 아주 강력한 스승이 될 수도 있음을 기억해야 한다.

깨달음을 향한 길로서의 통증

통증이 만성이 되면 당연히 통증에서 벗어나기를 갈망하게 된다. 하지만 통증 제거에만 온 주의를 쏟는다면 통증을 경험하는 데에도 좋은 점이 있음을 보기가 어렵다. 통증과 통증에서 생기는 괴로움 둘 다 얼마든지 우리의 길이 되고 우리의 스승이 될 수 있다.

통증에서 배울 수 있음을 알 때, 나아가 통증이 인생을 더 깊이 경험하게 하고 겸손과 감사로 살아가게 함을 발견할 때 통증은 우리의 길이 되고 스승이 된다. 통증이 자기 발견의 길이 될 수 있음을 이해할 때 경험에 대한 우리의 자세에 근본적인 변화가 일어난다. 이제 우리는 통증과 괴로움을 좀 더 의식적으로 보고 다루기 시작한다. 최소한 통증을 우리가 가진 많은 집착들, 특히 편안함에 대한 집착에서 벗어날 기회로 볼 수 있다. 몸에 대한 집착과 통제에 대한 집착도 있다. 만성 통증의 경우 나쁜 일이 일어날 것만 같은 두려움을 잘 살피면 미래에 대한 집착도 크게 보일 것이다. 통증을 자기 발견의 길로 삼고 나아갈 때 이 집착들에서 최소한 어느 정도는 벗어날 수 있을 것이다.

나는 이제 통증이 생기면 그 즉시 "이걸 어떻게 없애지?"(이것은 편안함에 대한 집착이 부른 생각이다)라고 생각하기보다 스티븐 레빈이 시키는 대로 "또 왔구나. 이번에는 네가 어떨지 한번 볼까?"라며 말을 건다. 내 경험상 항상 그렇게 하기가 쉽지는 않지만 그렇게 할 수만 있다면 갑자기 모든 것이 제대로 가고 있다는 느낌이 든다. 그 때마다 통증이 사라지는 건 아니지만 통증에 끌려가는 것이 아니라 통증을 끌고 가는 느낌이다. 최소한 내가 통증에 함몰되지는 않는다.

통증을 대할 때 치료와 치유의 차이를 아는 것이 중요하다. 성녀 브리지다Saint Brigit는 "치료가 불가능할 때도 치유는 언제나 가능하다"라고 했다. 통증에서 결코 치료되지 못할 가능성은 분명 있다. 통증이 영원히 계속된다면 말이다. 하지만 우리는 여전히 치유될 수 있다. 집착에서 점점 더 자유로워진다면 말이다.

육체적으로 늘 편안해야 한다는 특권 의식을 직시하고 버릴 때 혹은 분노와 자기 연민에 탐닉하기를 멈출 때 우리는 자유를 느낀다. 우리는 때로 자신을 특별한 사람으로 만드는 데 통증을 이용하기도 한다. 타인에게 자신의 고난을 말하며 "아, 슬프도다!"라고 노래하며 희생자 놀이를 할 때 미묘한 기쁨을 느끼기도 한다. 하지만 그러함을 꿰뚫어 보고 삼갈 때 우리는 치유된다. 통증은 여전하더라도.

통증을 자기 발견의 길로 보지 못하게 막는 것들은 어떤 질병이냐에 따라 다양하다. 아주 끈질기고 때로는 긴 시간 동안 괴롭히는 만성 신경통으로 나는 자주 숨이 막힐 듯했다. 때로는 정말 질식할 것 같았다. 이런 통증을 자기 발견을 위한 길로 보려면 그럴 수 있음을 상기시켜 줄 무언가 강력한 것이 필요하다. 통증을 나의 길로 보는 것이 정말 무엇을 의미하는지 잊어버리기가 너무 쉽기 때문이다.

나는 어디를 가든 나만의 커닝 페이퍼를 가지고 다녔다. 가장 힘든 시간을 통과하는 데 도움이 되는, 내가 해야만 하는 일을 상기시켜 주는 나만의 "요약 노트" 같은 것이었다(이 장 마지막에 나올 요약 노트 참조). 그러다 신경통이 약해지기도 하는데 그것도 문제긴 마찬가지였다. 통증이 다시 시작되면 매번 아주 놀라고 항상 실망했으니까 말이다. 차도가 조금이라면 있으면 나는 언제나 이제 통증은 영원히 없을 거라고 굳게 믿었는데 그것은 충격과 실망을 부르는 초대장이나 다름없었다.

언제나 통증이 심해질 수 있음을 이해해야 한다. 이것을 이해해야 다시 아프기 시작해도 기습을 당한 데서 오는 충격이 덜하고 실망과 불안의 나락으로 떨어질 일도 줄어들 것이다. "언제나 심해질 수 있다!"는 만성 통증이 있는 사람이라면 꼭 기억해야 할 만트라이다. 돌아온 통증에 더 이상 놀라지 않게 됐을 때 나는 잠시 멈추고 가슴으로 숨을 들이쉰 다음 호기심을 갖고 통증에게 "안녕"이라고 말하는 법을 배웠다.

통증을 호기심으로 대할 것을 기억했다면 이제 통증과 통증을 어떻게 보느냐가 두 개의 서로 다른 문제임을 인식하는 것이 중요하다. 이 둘은 대개 서로 얽히고설켜서 하나의 거대한 혼란을 초래한다. 그래서 통증이 육체적인 불편한 경험이라면 그 통증을 보는 우리의 방식은 정신적이고 감정적인 쪽에 가깝다는 사실을 깨닫지 못한다.

우리는 통증을 두려움 혹은 자기 연민의 감정으로 보는 경향이 있다. 이것이 통증을 더 강하게 느끼게 한다. 대안은 통증을 호기심의 대상으로 보는 것이다. 긴장을 풀고 기꺼이 통증 안에 들어가 탐험해 보는 것이다. 그렇게 하면 통증은 대개 좀 더 참을 만한 것이 된다.

통증, 괴로움
그리고 주의를 딴 데로 돌리기

하지만 어떻게 해도 소용없을 때도 있다. 육체적 통증이든 그것에서 나오는 정신적 괴로움이든 좀처럼 줄어들지 않을 때도 있다. 나에게도 유일한 반응이 "아, 제기랄!"뿐일 때가 분명히 있었다. 그럴 때는 우리 몸과 정신 살피기를 그만두고 의도적·의식적으로 정신을 딴 데로 돌리는 것이 오히려 건강한 방법이다. 단, 자신이 정말 즐기며 할 수 있는 일이어야 한다. 나에게는 자연에서 걷거나 좋아하는 음악을 듣는 것이 효과가 있었다.

사실 나는 내가 가장 좋아하는 일들의 목록을 만들어놓을 정도였다. 통증이 찾아오면 또는 우울하거나 낙심하게 되면 즐겁게 했던 일이 무엇이었는지조차 쉽게 잊어버리기 때문이다. 나에게는 헤드폰을 끼고 옛날 60년대 노래를 혼자 크게 따라 부르며 산책을 하는 것이 언제나 도움이 되었다. 이것은 우리 존재에게 주는 훌륭한 음식 같은 것이다. TV, 독서 등 주의를 끌어서 우리 자신을 잠시라도 잊게 만드는 일이면 뭐든 괜찮다. 보통 때처럼 무의식적으로가 아니라 의식적으로 그렇게 할 때, 그것은 활기를 찾아주는 휴식이 될 수 있다. 그다음, 우리는 할 수 있을 때 다시 우리의 어려움과 대면하고 그것과 함께 하던 일로 돌아올 수 있다. 이것도 자신과 자신이 처한 상황에 부드럽고 친절하게 대하는 하나의 방식이다. 이때 어려운 상황을 잘 통제하고 있다는 느낌이 들기도 한다. 통증을 다룸에 있어 스스로 적극적인 역할을 할 때 실제로 치유 효과가 있는 사람이 많다. 이때 무기력과 좌절의 굴레 속으로 떨어지는 것을 막아준다.

통증이 심할 때는 혼자 있고 싶을 수도 있다는 사실도 알고 있어야 한다. 다른 사람이 지금 우리가 겪어내야 하는 일을 이해하지 못한다고 생각해서 그럴 수도 있고 부담을 주고 싶지 않아서 그럴 수도 있다. 이때 심지어 죄책감을 느낄지도 모른다. 하지만 죄책감은 소외감, 단절감과 함께 통증을 더 강하게 만들 뿐이다. 내가 확실히 알게 된 것이 하나 있다면 아무리 내키지 않아도 나의 생각과 감정을 주변 사람과 정직하게 나누는 것이 언제나 도움이 된다는 것이다. 조언을 들을 수 있어서 혹은 내 고통을 그가 가져가 주어서가 아니다. 단지 인간 대 인간의 진정한 연결이 얼마나 소중한 것인지 다시 깨닫게 해주기 때문이다. 진심을 말할 사람이 아무도 없다고 느낄 때 스스로 누군가에게 다가가기가 쉽지는 않다. 하지만 노력해 볼 가치는 충분하다. 소외감은 우리를 더 괴롭게 할 뿐이다.

통증과 정신적 괴로움

육체적 통증을 자기 발견의 길로 보고 연습하기가 때로는 아주 버겁다. 그래도 대체로 가능한 일이며 심지어 굉장히 가치 있는 일이 될 수도 있다.

육체적 통증이 부르는 괴로움을 상당히 줄이는 것도 가능하다. "왜 나에게 이런 일이 생기지?" "이건 견딜 수가 없어" "내 자신이 너무 불쌍해" 같은 부정적인 평가들이 만드는 괴로움 말이다. 먼저 우리는 이런 평가가 우리 스스로 첨가하는 필터임을 인식해야 한다. 그리고 이런 평가들을 평소에 얼마나 아무 의심 없이 받아들였는지도 보아야 한다. 맹목적인 믿음과 생각들이 육체적 통증을 얼마나 무겁고 단단한 괴로움으로 만들어버리는지, 그래서 위축된 몸이 또 얼마나 더 큰 통증을 부르는지 알게 될 것이다.

만성 통증이나 질병을 안고 있는 사람이라면 모두 해결해야 하는 생각 중 하나가 예전으로 돌아가고 싶다는 생각이다. 우리는 이제 더 이상 가질 수 없는 몸을 애타게 그리워하고 지금의 현실이 지금 우리의 인생임을 자꾸 부인한다. 하지만 더 이상 가질 수 없는 것에 대해 한탄할 때마다 우리 소중한 에너지가 낭비된다. 지금 실제로 살고 있는 인생과 잘 타협하는 데 써야 할 에너지 말이다.

또 다른 치명적이지만 아주 흔한 생각이 통증의 위협을 과장하고 확대하며 최악을 예상하는 파국적인 생각이다. 이런 방식의 생각에 갇히게 되면 당장 질식할 것 같다. 이때가 바로 "지금 그 일이 벌어진 것은 아니다!"라고 말할 때이다. 예를 들어 지금 어떤 병을 진단받은 것은 아님을 상기할 때 도움이 된다. 진단을 받았다고 해도 최악의 시나리오를 상상하는 것은 단지 모든 것을 더 나쁘게 만들 뿐이다. "지금 그 일이 벌어진 것은 아니다!" 라고 말하면 우리가 쓸데없는 공상을 얼마나 덧붙이고 있는지 그리고 그것이 현재 순간의 현실을 얼마나 모호하게 만들어버리는지 알 수 있다. 이 문장은 현재 우리를 불안하게 하는 것이 대부분 머릿속에서만 벌어지고 있는 일임을 상기시켜 준다.

"지금 그 일이 벌어진 것은 아니다!"라고 말한 다음 "나는 지금 무엇을 덧붙이고 있나?"라고 물어보는 것도 좋다. 그때 "나는 이걸 할 수 없어" 같은 무능의 부정적인 자기 이미지에 기반한 생각들이 곧장 드러나기도 한다. "이 통증은 스트레스를 잘 조절하지 못한 내 잘못이야" "이 통증은 내가 잘못 살았다는 뜻이야" 같은 자기 평가를 덧붙이는 것에도 주의해야 한다. 이런 평가는 분명 논리적이지 못한데, 그런데도 굳게 믿으면 어느 정도 무게감을 갖게 된다. 거기다 "이런 일을 겪을 필요는 없잖아!" 같은 생각으로 드러나는, 인생에 고통이 없어야 한다는 깊은 믿음까지 추가되면 더 괴롭다. 이것은 우리 모두 어느 정도 갖고 있는 특권 의식에 깊이 뿌리박힌 믿음이다. 이런 특권 의식을 부여잡고 통증을 거부할 때 오히려 우리는 피하려고 하는 바로 그 통증을 강화한다.

이렇게 우리는 실제로 벌어지는 일에 공상을 덧붙인다. 사실 감정적 고통과 관련된 많은 예시에서 우리가 현재 순간에 덧붙이고 있는 것은 과거 혹은 상상의 미래에서 온 것들로, 어느 쪽이든 현재의 상황을 더 나쁘게 할 뿐이다. "지금 그 일이 벌어진 것은 아니다!"는 내가 즐겨 쓰는 문장이 되었다. 기본적으로 아주 직설적이라서 파국으로 치닫는 생각을 즉시 막아주기 때문이다. 마치 바늘로 풍선을 찌를 때 공기가 쉬익 하고 새어 나가는 것처럼 고통이 재빨리 사라진다.

파국적인 생각과 함께 또 다른 치명적인 정신적 경향이 하나 더 있는데 바로 모든 긍정적인 경험을 무시하고 부정적인 측면들만 확대하는 부정적인 필터링이 그것이다. 통증에 온통 주의가 집중되면 우리가 소중하게 생각하는 일과 사람들을 쉽게 무시하게 되고 우리 눈앞에 있는 수많은 것들에 감사하지 않게 된다.

믿음 객관화하기

통증을 부르는 믿음들을 정확하게 인식하는 것이 그것들에 대한 집착을 푸는 첫 단계이다. 믿음들을 일단 인식했다면 이름 혹은 꼬리표를 붙이거나 심지어 종이에 써보는 것으로 객관화할 수 있다.

예를 들어 "이건 못하겠어" "나에게 무슨 일이 일어나려는 거지?" "왜 나야?" 같은 생각을 알아차리고 이름을 붙여주면 이런 생각들에서 벗어나는 데 도움이 된다. 이름을 붙여주면 그 생각이 객관적으로 단지 하나의 생각일 뿐임을 알 수 있고 자신을 통증의 희생양으로 보는 데서 어느 정도 벗어날 수 있다. 그 생각들이 심지어 사실이 아님을 깨닫게 될 수도 있다. 그럼 실제 통증을 둘러싸고도 좀 더 여유를 찾게 되고 통증에 사로잡히지 않게 된다.

"이건 너무 심하잖아" "내가 너무 불쌍해" 같은 강한 생각들을 깊이 파고들어 가면 언제나 두려움이 보인다. 이런 두려움은 항상 알아차릴 수 있는 것이 아니므로 때로는 "나는 구체적으로 무엇이 두려운가?"라고 자문하는 것이 도움이 된다. 이때 가장 강력한 두려움은 위험에 대한 것임을 발견할 수도 있을 것이다. 통증이 점점 강해질 위험에 대한 두려움 말이다. 아니면 통제력 상실을 두려워할지도 모른다. 이것은 통증이 절대 끝나지 않을 까 봐 걱정할 때 생긴다. 확실한 것은 두려움에 싸여 있다면 통증과 타협하는 법을 배우기가 훨씬 어렵다는 것이다. 통증 다루기 기술을 터득하고 싶다면 먼저 두려움에 마음을 여는 법부터 배워야 한다. 보통 우리는 두려움을 차단한다. 하지만 그것과 제대로 싸우는 법을 배워보면 어떨까? 람 다스는 차 한잔 끓여놓고 두려움을 초대하자고 했다. 무서워하는 마음을 호기심으로 바꿔보자는 뜻이다.

알다시피 호기심은 미지의 영역을 기꺼이 탐구하려는 마음이다. 보호 본능이 강한 에고는 가려 하지 않는 영역 말이다. 호기심으로 우리는 궁지에서 빠져나와, 원치 않는 두려움이 숨어 있는 귀퉁이를 샅샅이 뒤진다. 호기심을 가질 때 가장 힘든 경험도 포용하는 일종의 여유가 생긴다. 더 이상 어둠 속에 그리고 "나와 나의 통증"이라는 어두운 이야기 속에 갇혀 있지 않고 더 큰 그림을 보게 된다. 이런 여유가 있다면 고통의 한가운데 있더라도 우리는 어느 정도 가벼움을 느낀다. 이 가벼움은 우리의 고통과 두려움을 호기심으로 기꺼이 여는 데서 오는 것이다.

통증이 힘든 것은 부분적으로 통증을 말할 때 우리가 쓰는 용어 때문이기도 하다. 우리가 선택한 용어에 따라 현실에 대한 우리의 인식과 반응이 결정되기도 하므로 때로는 통증을 대할 때 다른 용어를 사용하는 게 도움이 될 수 있다. 예를 들어 통증을 적으로 보고 약간의 통증에도 저항할 때 우리는 그 즉시 통증을 더 강화한다. 그래서 통증을 적이 아니라 자기 발견을 위한 길로 본다고 말하는 것이 통증을 대할 때 아주 중요하다.

또 다른 유사한 예로 "나는 아프다"라고 말할 때 "나의 통증이 곧 나"라는 나의 정체성이 되어버린다. 동시에 우울한 기분과 불행한 결말에 대한 암시도 일어난다. 우리는 대신에 "아픔이 좀 있다"라고 말할 수도 있다. 이렇게 말할 때 우리는 그 즉시 아픈 상황에서 한 걸음 물러난다. 그런데 이런 것들도 분명 도움이 되긴 하지만 육체적 통증을 정말로 해결하기 위해서는 말을 바꾸는 것 이상의 일이 필요하다.

직접적인 통증 다루기

통증 다루기에 효과적인 방법의 하나로, 통증 감각 자체에 구체적으로 집중하는 것이 있다. 이 방법은 호흡을 이용해 통증 안으로 숨을 불어넣은 다음, 숨을 들이쉬고 내쉬는 동안 숨, 통증과 함께 머무는 것이다.

통증 다루기

호흡하며 통증 안으로 숨을 불어넣는다. 경직이든 경련이든 감각이 일어나는 지점에 주의를 집중한다. 통증 지점에 가능한 한 부드럽고 다정하게 다가가며 가벼운 마음으로 알아차린다.

그다음 통증을 둘러싼 여러 질문을 해본다.

- 먼저 통증에 "안녕"이라고 말하며 호기심을 갖고 환영한다.
- 환영할 수 없다면 그 저항하는 마음에 "안녕"이라고 해보자.
- 정확하게 몸 어디에 통증이 있는가?
- 표면인가 아니면 더 깊은 곳인가? 더 깊다면 구체적으로 얼마나 더 깊은가?
- 가장 강력한 감각은 실제로 어떤 느낌인가? 그것을 느껴보라.
- 통증에 숨을 불어넣을 수 있는가? 통증에 조금 너그러워질 수 있는가?
- 통증이 얼마나 큰가? 어떤 모양인가?
- 어떻게 하면 그 질감을 가장 잘 표현할 수 있을까? 아린다? 쑤신다? 찌른다? 탄다?
- 압박이 느껴지는가? 욱신거리는가?
- 통증의 강도를 1에서 10까지 점수로 매겨본다면?
- 통증을 색깔로 말해본다면?

· 다시 그 감각들에 숨을 불어넣고 그것을 느낄 수 있는가?

· 그 감각들과 연결된 강한 생각들이 있는가?

· 그 생각들과 함께 일어나는 감정들을 뭐라고 부르겠는가?
  분노? 불안? 슬픔?

· 몸의 그 감정들에 "안녕"이라고 인사할 수 있는가?

이 질문들을 한두 번 반복한 다음 대답이 어떻게 달라지는지 살펴보는 게 많은 도움이 될 것이다.

호기심 있는 사람이 그렇듯 질문하다 보면 지금 느끼는 감정을 훨씬 더 정확하게 경험할 수 있다. 그리고 질문하면 할수록 일종의 "목격자"로 통증을 경험하는 것이 가능해지므로 통증과 자신을 점점 덜 동일시하게 된다. 과학자의 호기심을 갖고 통증에 접근하자. 통증에 쫓기지 않고 통증에 다가가는 것이다. 통증에 쫓길 때 우리는 주관의 좁은 거품 안에 갇히고 이때 통증은 증폭될 뿐이다. 통증에 다가갈 때 우리는 주관의 좁은 거품 밖에 있을 수 있고 이때 통증은 상당히 완화된다. 이때 우리는 최소한 가끔이라도 통증을 단지 강력한 감각의 일종으로 경험할 수 있다. 통증에 의도적으로 집중하면 불타는 것 같은 통증이라도 더 이상 그렇게 고통스럽지 않다. 사실 감각은 아주 급격하게 변하곤 한다. 예를 들어 욱신거렸는

데 조금 아리더니 금방 별 느낌이 들지 않을 수 있다. 그러다 때로는 통증이 완전히 사라지기도 한다. 이런 일을 자주 경험하다 보면 통증이 언제나 끔찍하고 참을 수 없는 것이라고 말하는 파국적인 생각에서 벗어날 수 있다.

이 모든 과정에서 가장 중요한 것은 호기심이다.

알아차림에 마음 열기

의도적으로 호흡 자체에 주의를 집중하는 것도 통증 관리에 효과적인 방법이다. 통증이 있을 때 우리 뇌는 보통 고통스러운 감각만 알아차린다. 뇌로 연결된 도관이 있는데 그 도관이 온통 통증의 신호로만 가득 찼다고 상상해 보라. 그런데 호흡에 주의를 집중하면—이것은 굉장한 집중력을 요구한다— 뇌도 호흡에 집중하므로 통증의 신호는 부분적으로만 받게 된다. 이때 우리는 더 넓은 알아차림 속에서 통증을 이전과는 다르게 경험한다. 천천히 심호흡하며 몸을 깊이 이완할 수 있다면 더 효과적이다. 몸이 이완되면 대개 통증도 약해진다.

덧붙여 통증이 심할 때는 호흡 그 이상으로 나아가 볼 수도 있는데, 바로 "그리고?"라고 묻는 것이다. 이것은 통증에 강박적으로 집중하지 않고 다른 어떤 곳으로 알아차림을 옮겨 가 보겠다는 뜻이다. 그다음, 예를 들어 소리 같은 현재 순간의 다른 측면들에 눈을 돌려본다. 다시 "그리고?"라고 묻고 이번에는 공기나 온도, 공간의 느낌을 알아차려본다. 이것은 현재 순간을 온전히 경험하고 알아차리는 데 좋은 연습이다. 많은 영적 전통에서 현재 순간에 마음을 열고 다가갈 것을 강조해서 가르치고 있지만 사실 우리가 지금 경험하고 있는 것, 그 전체에 온전히 집중할 수 있는 순간은 매우 드물다. 이것은 의식적으로 꾸준히 계발해야 하는 그 어떤 경지이다. "그리고?"라고 물을 때 우리는 단지 통증이라는 육체적 증세 너머까지 알아차림을 확장하는데, 그렇다면 통증은 실제로 정확히 우리가 열망하는 것, 즉 더 깨어 있고 더 현재에 집중하게 만드는 셈이다.

예를 들어 두통 혹은 복통을 느낄 때 우리는 의식적으로 그것을 느껴본다. 그다음 호흡도 느껴본다. 그리고 우리는 소리를 듣는다. 그리고 우리 앞에 있는 것을 본다. 그렇게 계속 나아간다. 너무 애쓰지 말고 부담 없이 한다. 그리고 통증 외 다른 감각들까지 인식하고 알아차리게 되면 우리는 날카롭던 통증이 무뎌지며 더 넓은 알아차림 속으로 뒤섞여 들어감을 느낀다. 알아차림 속으로 녹아 들어갈 때 통증의 그 단단했던 입자가 흐물흐물해진다. 이렇게 우리 뇌는 온통 통증으로 가득했던 상태에서 벗어난다. 통증은 이제 하나의 또 다른 감각일 뿐이다. 우리 경험의 전체 그림과 온전히 함께해야 만성 통증 때문에 생기는 흔한 불안과 우울의 나락으로 떨어질 일도 없다.

좀 숙련이 되면 통증을 온전히 느끼는 일이 그리 힘들지 않다. 그리고 통증이 생각만큼 그렇게 나쁜 게 아님을 깨닫는다. 통증이 있지만 통제 가능해진다. 때로는 평정심까지 어느 정도 되찾는다. 하지만 이런 연습에도 불구하고 통증이 극한에 도달할 때도 있다. 아니면 최소한 통증과 함께하기에는 우리의 능력이 너무 부족한 것 같은 때도 있다. 그럴 때는 자신에게 친절하자. 통증이 사라지길 바라는 마음 상태에 빠진다고 해서 영적으로 실패한 것은 아니다. 그것은 단지 우리가 인간임을 보여줄 뿐이다.

다시 말하지만, 도저히 참을 수 없는 통증도 분명히 있다. 잠시도 쉴 새 없이 계속되는 통증이라면 세상 강한 구도자라도 절망에 빠질 것이다. 그럴 때는 객관적으로 봐도 정말 힘든 상황이 분명히 있음을, 그런 상황에는 평소의 노력도 거의 효과가 없음을 기억하는 것이 도움이 된다. 이것은 그동안 해왔던 영적인 노력이 효과가 없다는 뜻이 아니다. 그동안의 연습이 틀렸거나 이제 포기해야 한다는 뜻도 아니다. 이런 생각들은 패배감과 절망감만 부를 뿐이다. 그럴 때는 오락거리나 일시적일지라도 편안함을 주는 것들을 찾는 등, 뭐든 그 시기를 넘기는 데 도움이 되는 일을 하면서 보내야 한다.

그런데 통증이 도저히 참을 수 없는 때라도 적어도 우리는 겸손함을 배울 수 있다. 자신이 특별하지 않고 모든 것을 통제할 수 없으며 노력한다고 다 극복할 수는 없는 인간임을 깨달으면서 말이다.

통증에 친절하기

물론 호흡을 이용해 통증을 부드럽게 쓰다듬을 수도 있다. 부드럽게 마사지하듯 통증에 숨을 불어넣는 것이다. 이것은 오래가는 통증, 만성 통증에 특히 좋다.

오랜 면역계 질환 탓에 나는 때때로 강한 메스꺼움을 동반한 구토 증세를 장시간 겪는다. 그럴 때면 나는 침대에 태아처럼 구부리고 누워야 한다. 그리고 가슴 중심에 집중하며 숨을 들이쉬고 내쉬며 내 몸과 내 면역계에 친절과 치유 에너지를 보낸다. 고통 속에 있는 소중한 사람에게 연민의 감정을 보내듯이 말이다. 자신에게 친절과 치유의 에너지를 보내는 것은 정신적 행위가 아니다. 그것은 우리가 실제 몸으로 느낄 수 있는 에너지적 대응이다. 때로 나는 한 손을 가슴 중심에 놓고 다른 한 손은 불편한 곳에 놓는다. 이런 접촉 행위가 미세하게나마 그 순간의 경험에 따뜻함을 더해준다. 메스꺼움을 없애려는 게 아니라 메스꺼움과 좀 더 다정하게 지내보려는 것이다.

메스꺼움을 쓰다듬으면서 나는 속으로 "안녕"이라고 말한다. 그리고 그것이 내 적이 아니라고 말한다. 이제 나는 마음속에 여유와 사랑이 커짐을 느낀다. 그러자 조금씩 그 메스꺼움과 오래 함께해도 괜찮을 것 같다는 생각이 든다. 메스꺼움을 "고통"이 아니라 단지 강렬한 에너지로 경험하게 되는 순간, 때로 나는 조용한 기쁨에 휩싸인다. 진정한 우리 자신은 우리 몸 그 이상임을 분명히 느끼기 때문이다.

사람들이 평소 믿는 것과 달리 불편함 속에서도 평정심을 유지하는 것은 분명 가능하다.

나아가 육체적 통증을 개인적으로 받아들일 필요가 없음을 깨달을 수 있다. 다시 말해, 때로 그렇게 보이기도 하지만, 통증이 우리를 표적으로 하고 있지 않음을 알게 되는 것이다. 우리는 통증으로 화가 나면 "왜 나야?"라고 물으며 그 통증을 개인적으로 받아들인다. 하지만 사실 통증은 단지 말단 신경들이 동요한 것일 뿐이다. 몸이 그냥 제 할 일을 하는 것뿐이다. 우리 몸은 언젠가는 쇠약해지고 고장 나고 무너지게 되어 있다. 사고 같은 외부적인 원인에 의해서든 보통의 내부적인 노화에 의해서든.

통증을 받아들인다는 것은 통증이 자연 질서의 일부임을 이해한다는 것이다. 통증을 받아들인다는 것은 수동적인 포기를 암시하는 체념과는 다르다. 통증을 받아들인다는 것은 통증을 원래 그대로 두는 것이다. 통증을 삶의 일부로 받아들이는 데는 용기가 필요하고 용기는 전혀 수동적이지 않다. 통증을 받아들인다는 것은 통증을 개인적으로 받아들이지 않고 통증에 힘을 덜 주는 법을 배운다는 뜻이기도 하다.

더 깊이 들어가기 위해
통증 이용하기

통증이 올 때 일차원적인 반응에 빠지지 않으려면 좀 더 큰 목적 의식이 필요하다. 니체는 "왜 사는지 아는 사람은 삶이 어떻게 흘러가든 거의 모두 참을 수 있다"라고 했다. 목적의식이 있다면 어떤 장애든 참을 수 있다는 말이다. 나의 "목적(왜)"은 육체적 통증을 가슴으로 들어가는 입장권으로 이용하는 것이다. 신경통 같은 상당히 질긴 만성 통증도 알아차림의 가슴 속으로 더 깊이 들어가게 하는 문으로 이용할 수 있다. 신경통이 느껴지면 나는 단지 가슴 중심으로 숨을 깊게 들이쉬고 알아차림 속에서 단순히 휴식을 취하도록 내쉴 때임을 기억한다. 때로 나는 조용히 이렇게 말하기도 한다.

숨을 들이쉬고 가슴에 머물러.
숨을 내쉬고 단지 존재해.

숨을 들이쉴 때마다 가슴 속으로 더 깊이 들어가고 숨을 내쉴 때마다 더 깊이 알아차린다.

통증으로 가슴 속으로 더 깊이 들어갈 것을 기억할 때 때로 나와 내 인생이 좀 더 커지는 게 느껴진다. 가슴에 머문다는 것은 더 이상 우리 머리, 그 모든 자기중심적인 생각, 평가, 기대 속에 붙잡혀 있지 않다는 뜻이다. 더 중요하게는 더 이상 통증이 곧 우리 자신 혹은 우리 인생의 중심이 되지 않는다는 뜻이다. 우리는 이제 인생의 더 광활하고 더 진심 어린 감각들과 우리 자신을 동일시한다. 육체적·감정적으로 무엇을 느끼든 그 느낌에 한정된 존재 혹은 그 느낌으로 규정된 존재가 아님을 이해한다. 이럴 때 우리는 평정심을 경험한다. 평정심은 개념적 이해를 초월할 때 오는 것이다.

통증이 무자비한 것 같을 때조차 우리는 더 큰 목적의식을 가질 수 있다. 통증에게 "네"라고 말할 것을 기억할 수 있다. "아니, 또야?" "이건 못 견딜 것 같아"라고 말하는 대신 그곳에 있는 것을 기꺼이 실제로 느껴보는 것이다. 때로 나는 심지어 "그래, 어디 네 최악을 한번 보여줘 봐!"라고 하기도 한다. 이것은 어쭙잖은 투지도 분노에 찬 도전도 아니다. 사실 가벼운 마음으로 취하는 하나의 자세이다. 이런 자세는 희생양이 된 것 같은 감정에 빠지지 않게 한다. 나는 이제 더 이상 통증을 적으로 보고 싸우지 않는다. 그보다는 잘 될 때도 있고 잘 안될 때도 있지만, 통증에 참여한다. 그럼 통렬한 감동이 올라오고 사실 때로는 조금 재밌기까지 하다.

통증이 올라오면 나는 "그래서 뭐?"라고 할 때도 있다. 생각만큼 그렇게 큰일이 아님을 나 자신에게 알려주는 것이다. 몸이 해야 할 일을 하는 것뿐이니까 말이다. 단, 그 배후에 그렇게 말해서라도 통증을 극복하고야 말겠다는 고집이 있지는 않은지 잘 살펴야 하고 부드러움을 유지해야 한다. 부드러움을 유지하고 열린 마음으로 현재를 느끼는 것이 통증을 스승으로 만드는 데 가장 중요하다. 다시 말해 통증이 우리를 더 깊은 경험으로 데리고 가도록 두는 게 가장 중요하다. 통증만이 아니라 순간을 더 의식적으로 알아차리는 경험 말이다. 기꺼이 "네"라고 말하며 통증에 참여하는 데에는 분명 용기가 필요하다. 불편함에 대면하겠다는 뜻이니까 그렇다. 통증에 마음을 여는 것은, 특히 전에 접해 보지 못한 통증이고 그 어떤 통증보다 심한 통증이라면, 때로 정말 무서울 수 있다. 통증이 우리를 이길까 봐 두려울 수 있다. 이럴 때는 통증 관리만큼이나 두려움 관리도 중요하다. 중요한 것은 불편함을 이용해 편안해야 한다는 특권 의식에서 벗어나는 것이다.

연민 일어나게 하기

통증을 자기 발견의 길로 이용할 때 우리는 고통받는 다른 사람들을 점점 더 많이 알아차리게 된다. 대부분의 시간 우리는 고통받는 다른 사람들을 편리하게 모른 척해왔지만, 우리가 고통받게 되면 그동안 자신을 보호하던 일반적인 방식들이 사라지게 되는 경향을 보인다. 특권 의식 혹은 자신은 특별하다는 생각이 많이 약해진다. 돈이 많든 적든 교육을 얼마나 받았든 혹은 그동안 타인의 곤경으로부터 자신을 보호하기 위해 어떤 수단에 의지해 왔든 이제 우리가 모두 똑같음을 더 이상 부인할 수 없다. 통증은 모두를 동등하게 만든다. 통증은 우리를 겸손하게 만들고 이생에서 우리가 모두 서로 떼려야 뗄 수 없음을 깨닫게 한다.

발작 같은 강력한 통증이 일어날 때 나는 앞의 '외로움과 무력감' 부분에서 추천했던 연습을 그대로 하곤 한다. 고통 속에 있는 내가 아는 사람을 떠올린 다음, 바로 그 순간 역시 고통 속에 있는 내가 모르는 수많은 사람을 기억한다. 그다음 고통 속에 있는 그 사람들의 이미지를 가슴 중심에 호흡과 함께 불어넣는다. 그리고 숨을 내쉬면서 나와 그들 모두의 치유에 대한 바람을 멀리 세상 밖으로 보낸다. 외로움과 무력감을 다룬 앞 장에서 명상의 하나로 설명해 놓았으니 참고하기를 바란다.

이런 방식으로 우리 개인적인 통증이 다른 사람들의 통증과 연결된다. 통증은 우리가 모두 다양한 방식으로 공유하는 것이다. 이것을 잘 이해할 때 연민이 깊어지고 그들의 통증이 치유되기를 진정으로 바라게 된다. 그리고 통증으로 종종 느끼게 되는 소외감도 줄어든다.

의기소침해지거나 소외감을 느낄 때는 실제로 타인에게 작은 물건이나 작은 행동이라도 베푸는 일을 실제로 하면서 연민의 감정에 깊이를 더해주는 것이 좋다. 늘 상처를 주는 어떤 사람에게 전화를 걸어볼 수도 있다. 아니면 내가 아픈 상태라도 누군가를 기꺼이 도와줄 수도 있다. 어떤 도움이든 도움을 줄 때 잠시 자신을 잊을 수 있고 그럼 어느 정도 편해지기 때문이다. 이것은 기본적인 연결을 경험하는 가장 효과적인 방법이고 할 때마다 만족감을 준다. 하지만 감사하다는 소리가 듣고 싶어서 도와주려는 건 아닌지 잘 살펴야 한다. 받기 위해 주는 것은 통증 경감에 도움이 될 수 없고 만족감도 주지 않는다. 또한, 나도 고통받는 영혼이지만 그래도 타인에게 베푼다고 생각하는 순교자 역할에 빠지지 않도록 조심해야 한다. 연민의 땅에 꼭 있는 우회로에 빠지지 않으려면 자신을 잘 알아차려야 한다.

인생에 대한 자기중심적인 자세에 여전히 갇혀 있다면 타인에 대한 연민을 느끼기가 쉽지 않다. 자기중심적인 자세는 통증이 있을 때 더 강해지기 쉽다. 이미 살펴봤듯이 사실 통증을 이토록 견디기 힘들게 만드는 통증의 특성 중 하나가 바로 우리 정신적 공간을 온통 통증으로만 가득 채운다는 점이다. 삶이 우리가 느끼는 육체적·감정적 통증만을 둘러싸고 돌아간다. 하지만 의도적으로 호흡에 주의를 집중할 수 있다면 그리고 고통 속에 있는 타인을 생각할 수 있다면 더 이상 통증이 우리 모든 정신 공간을 차지하지 않는다. 그 결과 우리는 연민을 느낄 수 있고 심지어 연민으로부터 배울 수도 있다. 이것을 기억하기 위해 나는 세 문장으로 이루어진 만트라를 읊곤 한다. "모두 고통스럽다. 모두 괴롭다. 모두 죽는다." 특히 누군가에 대해 부정적으로 평가하고 싶을 때 이 만트라를 읊는 것이 도움이 된다. 평가하고 싶은 마음이 금방 사라진다.

통증으로부터 배우기

얼마 전 의사가 나에게 메스꺼움을 없애는 특정 약을 한번 써보자고 했다. 나는 그 약을 먹었고 기적처럼 메스꺼움이 사라졌다. 그런데 나는 내가 그 약을 예전부터 알았더라면 내 메스꺼움이 시작된 이래 지난 30년 동안 내가 배운 메스꺼움 다루는 법을 결코 배우지 못했을 것이고, 내 불편함을 좀 더 깨어나는 길로 볼 만큼 깊이 들어갈 일도 없었을 것임을 깨달았다. 인생에 그렇게 깊이 감사하지도 못했을 것이고 괴로워서 태아 자세로 누울 때조차 자주 느꼈던 타인에 대한 연민도 갖지 못했을 것이다. 하지만 앞에서도 말했듯이 약을 먹는 것 외에 다른 선택의 여지가 없을 정도로 심하게 괴로울 때도 물론 있다.

정신적으로 도저히 감당할 수 없는 육체적 불편함도 분명히 있다. 때로 무력감이 우리 작은 자아를 꼼짝도 할 수 없게 붙들며 비운의 그림자를 드리운다. 하지만 이때도 마찬가지이다. 우울이나 비운이 느껴지면 가슴 중심으로 주의를 돌리며 그 어두운 느낌을 곧장 가슴 중심으로 불어넣듯이 호흡한다. 숨을 한 번 들이쉴 때마다 그 느낌을 좀 더 깊이 들이쉰다. 그리고 바꾸거나 내보내려 하지 말고 단지 그곳에 있는 것을 느끼면서 천천히 길게 숨을 내쉰다.

가슴 중심으로 숨을 들이쉴 때 부교감신경의 진정 반응이 자극되어 엔도르핀이 분출되고 자연스럽게 통증이 줄어들 수 있다. 하지만 이 연습에는 그 이상의 무언가가 있다. 이 호흡 과정에 실제로 어떤 일이 벌어지는지 누가 정확히 알 수 있겠는가? 기본적으로 이 것은 미스터리이다. 하지만 당신은 이 연습이 때로 도저히 참을 수 없는 것을 참을 만하게 해줌을 스스로 경험하게 될지도 모른다. 땅이 꺼지는 것 같을 때 찾아오는 무섭기까지 한 깊은 두려움은 그것에 항복할 때 단지 존재하는 것이 기본적으로 어떤 것인지 느끼게 해준다. 단지 존재하는 것이야말로 우리가 언제나 굳건히 디디고 설 수 있는 진정한 땅이다.

통증이 심하지 않다면 지금 겪는 작은 통증으로도 노력해 보자. 어차피 강력한 통증을 해결해야 하는 것이 노년의 운명이라면 지금 미리 준비하면 그때가 와도 당황하지 않을 것이고 처음부터 시작하지 않아도 될 것이다. 환영받지 못하는 통증이라도 때로는 통증이 우리 자신은 절대 하지 않을 방식으로 우리를 내면의 자유로 데려갈 수도 있음을 기억하려고 노력은 해보자.

육체적 고통과 대면하면서 나는 있는 그대로의 삶과 진정으로 함께한다는 것이 더 이상 과거로 돌아가려 하지 않는 것임을 배웠다. 그러려면 육체적 능력과 건강을 잃는 것 같은 상실의 상황을 받아들이고 잘 대처할 수 있어야 한다. 있는 그대로의 삶과 진정으로 함께한다는 것은 미래에 대한 기대 속에서 살지 않는다는 뜻이기도 하다. 모든 것이 저절로 나아질 거라거나 더 나빠질 거라는 가정 자체를 하지 않는다. 하지만 그러려면 불확실성을 인정하고 그것에 항복할 수 있어야 한다. 때로는 약간의 징조 후 혹은 징조도 없이 모든 것이 급진적으로 바뀌고 이제 미래에 무슨 일이 일어날지 정말 알 수 없다는 불편한 진실을 깨닫게 될 테니까 말이다.

이것이 "두렵고 우울해도 끈기 있게 연습하라"가 가장 중요한 가르침의 하나인 이유이다. 호흡에 집중하기를 기억하며 부정적인 생각에 압도당하지 않는 것이 결정적인 도움을 줄 것이다. 거기다 친절함까지 더할 수 있다면, 다시 말해 유사한 상황에 있는, 우리가 소중하게 생각하는 사람들에게 보내는 연민을 우리 자신에게도 확장할 수 있다면, 통증이 있을 때 자주 발생하는, 불행의 나락으로 떨어지는 일을 방지할 수 있을 것이다. 심지어 통증이 만성이 될 때도 통증에게 일상의 가장 중요한 자리를 꼭 내어줘야 하는 것은 아님을 우리는 여전히 기억할 수 있다. 통증이 만성이 될 때도 분명 우리는 우리가 사랑하는 일들을 계속할 수 있다.

통증은 진정으로 사는 것의 깊은 의미를 경험하게 하고 우리는 결국 그것에 감사하게 될 것이다.

통증 명상

다음 설명은 한 문장씩 그 의미를 생각하며 천천히 읽기를 바란다. 스스로 읽어도 되고 그럴 수 없다면 누군가가 읽어줘도 된다. 모든 문장을 이해할 수는 없더라도 통증으로 우리가 꼭 무너지지는 않아도 됨을 떠올리게 할 문장들이 분명히 있을 것이다. 나아가 통증을 통해 인생이 무엇인지에 대한 더 깊고 더 참된 경험을 하는 데 도움이 될 것이다.

  편안한 자세를 취한다. 누워도 괜찮다. 다만 가능한 한 움직이지 않는다.

  심호흡을 몇 번 하며 몸의 긴장을 푼다. 통증이나 불편한 곳이 있으면 알아차리고 천천히 그곳으로 주의를 옮긴다.

  통증이 올라올 때마다 내면의 자유를 바라는 마음을 떠올린다. 그렇게 떠올릴 때 모든 통증이 편안함, 몸 그리고 통제에 대한 당신의 집착을 푸는 데 도움이 될 수 있다.

  통증에 다가가기 시작할 때 "안녕"이라고 말하며 통증의 느낌을 극복해야 하는 적이 아니라 단지 하나의 감각으로 맞이한다.

  저항이 느껴지면 저항에게 "안녕"이라고 말한다. 날카로운 통증이라도 다정한 마음으로 보려고 노력한다. 알아차림으로 통증을 부드럽게 어루만질 수 있을 때까지 다정하게 바라본다.

  통증에 곧장 다가가 정확하게 어디가 아픈지 의식한다. 그 통증 속으로 숨을 부드럽게 불어넣으며 통증의 크기가 얼마나 큰지 의식한다.

  그 통증에 숨을 불어넣으면서 그것의 모양을 의식한다.

통증 안으로 더 깊이 들어가며 그것의 질감을 느낀다.

딱딱한가? 아니면 부드러운가? 거친가? 아니면 매끄러운가? 따뜻한가? 아니면 차가운가? 그 느낌을 의식한다.

압박이 있는가? 욱신거리는가? 그 불편한 감각들이 자꾸 바뀌는가? 아니면 항상 똑같은가?

이런 알아차림으로 통증을 부드럽게 어루만질 때 통증의 감각이 약해지고 가벼워지는 것이 느껴지는가?

통증 감각들의 성질에 집중하여 그 감각들과 그 감각들에 대한 당신의 반응이 어떻게 다른지 보라.

"내가 너무 불쌍해" "왜 내게 이런 일이 벌어지지?" "앞으로 어떻게 될까?"라고 말하는 머릿속 목소리를 들어보라. 이런 생각들과 통증의 감각들을 분리할 때 통증이 어떻게 약해지는지 의식하라.

통증에 계속 숨을 불어넣는다. 통증에 다시 "안녕"이라고 말한다. 최악에 관한 생각들이 거세지지 않게 한다. 이런 생각들은 두려움에서 나오며 통증을 강하게 할 뿐이다.

그런 생각들에서 벗어날 때 두려움 없이 통증을 느낄 수 있다. 통증을 몸에서 일어나는 단지 하나의 감각으로 느낄 수 있다.

통증의 질감을 느낄 때 호흡의 질도 알아차린다. 호흡을 통증과 별개의 것으로 느낀다.

알아차림을 확장해 이제 통증과 호흡을 같이 받아들인다.

통증, 호흡과 함께하면서 이제 알아차림을 확장해 주변 환경까지 포함해 본다.

주변의 공기를 느껴본다. 빛의 질도 의식한다. 소리도 들어본다. 통증과 함께 머물되 더 확장된 호흡과 더 확장된 환경의 더 큰 용기 안에서 머문다.

날카롭던 통증이 알아차림 속에서 얼마나 무뎌지는지 알아차린다.

통증의 크기를 의식하고 이전과 달라졌는지 본다.

통증에 "안녕"이라고 말한다. 그것은 이제 더 이상 적이 아니다.

들숨을 따라 가슴 중심으로 들어간 후 날숨과 함께 통증에게 치유의 바람과 친절을 보낸다. 들숨을 이용해 불편한 곳을 마사지한다. 통증을 없애려 하지 않고 있는 그대로의 우리 자신에게 친절을 확장하기만 한다.

힘든 일을 겪고 있는 친구에게 하듯 자신에게 안녕을 빌어준다.

통증에 숨을 불어넣기, 호흡과 환경 의식하기, 통증에 친절 보내기를 번갈아 가며 할 때 점점 더 알아차리기가 수월해진다. 이제 더 이상 통증이 있는 몸만 알아차리지 않는다.

알아차림 속에서 쉴 때 단지 존재하는 현실로 들어간다.

당신이 아는 고통 속에 있는 사람들을 떠올린다. 각자 자신만의 어려움 속에서 고투하는 모습을 그려본다.

이제 당신과 같거나 유사한 고통 속에 있는, 당신이 알지 못하는 다른 수많은 사람을 떠올려 본다.

고통 속에 있는 다른 사람들의 이미지들을 가슴 중심으로 숨과 함께 데려가고 그들 모두 치유되기를 바라는 마음을 날숨과 함께 내보내면서 그들에게로 확장한다.

당신을 포함한 고통 속에 있는 사람들의 이미지를 숨과 함께 다시 한번 가슴 속으로 데려간다.

들숨과 함께 치유의 바람을 그들과 당신 자신과 우리 모두 공유하는 통증에게로 한 번 더 확장한다.

이제 당신은 더 이상 통증이 있는 몸만 알아차리지 않는다.

통증이 일어날 때마다 그 통증을 가슴에 머물라는 초대로 받아들인다.

이제 당신은 더 이상 통증이 있는 몸만 알아차리지 않는다.

이제 당신은 알아차림 속에서 쉰다.

이 장에는 정보가 많고 실질적인 연습에 대한 설명도 많다. 당신이 육체적 고통, 특히 만성 통증을 겪고 있다면 이 장을 최소한 몇 번 더 읽어보고 가능한 한 자주 명상해 보기를 제안한다.

나 자신도 이 책을 쓴 이래로 이 장을 계속 다시 읽곤 하는데 그때마다 유용한데 잊어버리고 있던 팁을 떠올리게 된다. 혹은 좀 더 깊은 수준에서 보게 된다고 해도 좋겠다.

나이 듦에 있어 우리는 언제나 초심자임을 절대 잊지 말아야 한다.

지금 당신의 상황이 얼마나 나쁘든 이 장이 당신의 치유에 도움이 될 수 있음을 나는 확신한다.

통증 다루기
요약정리

다음 질문들이 이 장의 가르침을 떠올리게 해줄 것이다. 이 질문
들을 복사해서 갖고 다니며 통증이 올라올 때마다 놀라고 충격에
빠지는 대신 어떤 질문과 기술이 가장 도움이 될지 한번 보는 것도
좋을 것이다.

육체적 통증
관련 질문

1. 이 통증을 편안함, 몸 그리고 통제에 대한 내 집착에서 벗어나
   게 하는 자기 발견의 길로 볼 수 있을까?
2. 통증은 통증이고, 내가 통증을 어떻게 보느냐는 또 다른 문제
   임을 기억할 수 있을까?

3. 최악을 상상하는 나를 인식하고 그러지 않을 수 있을까? 더불어 특권 의식과 부정적인 생각을 버리고 감정적인 반응을 삼갈 수 있을까?

4. 통증이 올라올 때 "나는 아프다"가 아니라 단지 "아픔이 좀 있다"라고 말할 수 있을까?

5. 통증에게 "오, 안 돼!" 대신에 "안녕"이라고 말하고 순수한 호기심으로 "이번에는 어떨지 볼까?"라고 물을 수 있을까?

6. 감각들에 숨을 불어넣으면서 그 크기와 모양과 질감 등에 집중할 수 있을까?

7. 호흡과 주변 환경을 알아차리며 통증과 거리를 둘 수 있을까?

8. 가슴 중심으로 숨을 불어넣을 수 있을까? 그리고 숨을 내쉴 때는 나와 통증에 친절을 보낼 수 있을까?

9. 통증이 올라올 때마다 가슴으로 숨을 깊이 들이쉬고 알아차림 속에서 쉴 것을 기억할 수 있을까?

10. 통증에게 부드럽게 "네 최악을 한번 보여줘 봐!"라고 말하며 내 두려움에 도전하고 그 모든 경험을 포용할 수 있을까?

11. 육체적인 고통 속에 있는 다른 사람들도 포용하고 치유의 바람을 나뿐만이 아니라 그들에게도 확장할 수 있을까?

12. 필요에 따라 의식적으로 오락거리를 찾을 수 있을까? 특히 내가 진정으로 즐길 수 있는 오락거리를 찾을 수 있을까?

Part
III

새
로
운 시
작

9
의미를
찾아서

나이가 들면 인생에 그 어떤 목적도, 의미도 없는 것 같은 시기가 찾아온다. 아무 생각 없이 그날그날의 쾌락과 즐거움만 좇으며 산다면 젊은 날에도 그럴 수 있다. 그러다 한두 살 더 나이를 먹으면 목적의식이 있는 좀 더 생산적이고 성취하는 삶을 원하고 그렇게 살 수 있을 때 인생이 좀 더 가득 찼다고 느낀다. 그러다 또 더 나이가 들어 은퇴하거나 생산적인 혹은 중요한 사람의 역할을 더 이상 수행하지 못하게 되면 쓸모없는 인간이 돼버렸다고 느낀다.

이런 느낌은 육체적으로 할 수 있는 일이 줄어들면 더 심해진다. 활동적인 사람, 매력적인 사람, 독립적인 사람이라는 기존의 정체성을 잃게 되기 때문이다. 내 인생이 보잘것없어 보인다. 심지어 부담스러운 존재가 된 것 같고, 마음 한구석에는 언제나 자신이 무가치하고 무의미한 존재라고 느낀다. 그냥 오늘 하루만 어떻게든 넘기자는 심정으로 매일 그야말로 생존만 하며 살기도 한다. 그런데 여전히 일하며 활동적으로 지낸다고 해도 지난 삶을 돌아보며 하지 못한 일들에 대해 후회하거나 심지어 어떤 면에서는 자신이 실패자라고 느끼는 것도 그리 드문 일이 아니다. 심지어 "진짜 자신의 삶"은 한 번도 살아보지 못했다고 느끼는 사람도 적지 않다. 자신이 생각하기에 자신이 "의도했던" 삶을 살지 못했다는 말이다.

자신을 영적이라고 생각하는 사람들은 때로 "좋은 죽음"을 바라고 또 그것에 집중하기도 한다. 좋은 죽음, 다시 말해 평온한 죽음이 곧 자신이 가치 있는 삶을 살았음을 증명해 준다고 여기는 듯도 하다. 하지만 궁극적으로 우리가 어떻게 죽느냐는 완전히 우리 통제 밖의 일이다. 우리는 여기서 "좋은 죽음"이 가능하냐 아니냐보다 어떻게 사느냐가 훨씬 더 중요하다는 사실을 놓치고 있다.

나이를 불문하고 어떻게 사느냐가 여전히 어느 정도는 자신의 통제권 안의 일인 사람들이 있다. 그런 상태가 유지되는 한 인생의 의미를 갉아먹는 일들로 힘들어할 필요는 없다. 그리고 나이를 불문하고 자기 발견에 충실한 삶을 통해 삶의 의미를 경험하는 것도 얼마든지 가능하다. 혹은 창조하고 봉사하고 사랑하는 삶을 살 수도 있다. 삶의 의미는 얼마나 오래 사느냐 혹은 어떻게 죽느냐와 상관이 없다. 오히려 삶의 방식이 자신이 소중하게 생각하는 가치에 잘 부합하느냐와 상관이 있다.

어쩌면 당신은 죽음에 대해 그다지 걱정하지 않을지도 모른다. 하지만 인생에 어떤 지속되는 의미가 있는지를 물었던 시기는 있었을 것이다. 어쩌면 당신은 "이게 정말 다일까?" "이게 다 무슨 소용이지?" 하고 물었을 수도 있다. 원래 인간은 의미를 찾는 존재로 태어났으니 이것은 드문 일이 아니다. 인간의 뇌는 모든 경험을 그 즉시 정연한 패턴으로 정리하려 든다. 생물학적으로 그런 것이다. 우리가 본능적으로 늘 의미와 구조를 찾으려 드는 것은 생존의 관점에서 볼 때도 당연하다. 위험하고 혼란한 세상에 직면했을 때 잘 통제하고 있다고 느껴야 생존에 더 유리할 테니까 말이다.

혼란스러워 보이는 인생을 재해석하는 일은 대개 종교의 바람직한 기능 중 하나이다. 종교는 우리가 더 큰 무언가에 속해 있다고 느끼게 해주고 그렇게 인생의 의미도 제공한다. 종교는 고무적이고 말이 되는 서사를 제공한다. 고통을 낙심하게 하는 것이 아니라 타당하게 만드는 맥락이나 개요를 제공하면서 특히 불확실성과 죽음 등 인생에서 우리가 직면하는 어려움을 극복하게 한다.

이런 종교적 관점이 유용할 수는 있으나 우리는 모든 종교적인, 약간은 철학적이기도 한 설명들이 어느 정도는 독단적이라는 것도 기억해야 한다. 사실 이것들은 심지어 설명도 아니고 서술 쪽에 가깝다. 그것도 우리가 생각해 낼 수 있는 많은 서술 중 하나에 불과하다. 바로 그렇기 때문에 우리는 종교적이나 영적인 가르침을 객관적인 진리로 받아들여 잘못된 편안함 속으로 빠져들지 않도록,

자신의 종교가 유일한 혹은 최고의 가르침이라고 보지 않도록 조심해야 한다.

진리는 미묘하고 복잡하고 역설적이다. 미스터리라 개념적인 정신으로는 기본적으로 알 수 없다. 하지만 이른바 영적인 진리에 집착하면 우리가 정말로 알지는 못함을 망각하기 쉽다. 예를 들어 우리는 깨달음에 대해 말할 수 있고 깨달음을 그 어떤 손에 잡히는 그림으로 축소할 수도 있지만, 이것은 사실 만물의 미스터리에서 그보다 더 멀어질 수 없는 행태이다.

인생이 무엇인지 이해하고자 하는 것은 어쩔 수 없다. 우리는 "인생은 힘들다" "인생은 모험이다" "인생은 기회이다"라고 말한다. "인생은 선물이다" 아니면 내가 방금 말했듯이 "인생은 미스터리이다"라고 말할 수도 있다. 하지만 이 모두는 단지 서술이고 이야기일 뿐이다. 인생은 그렇게 단어 몇 개로 단순히 정확하게 요약할 수 있는 것이 아니다. 당신은 심지어 "인생은 아무것도 아니다"라고 말할 수도 있지만 이것조차 아무것도 말해주지 않는다!

우리는 의미를 추구할 수 있고 그다음 그 의미에 맞게 최선을 다해 살 수 있다. 하지만 그럴 때조차 우리가 사실로 상정하는 그 의미 역시 절대적인 것은 아니다. 오히려 그것은 실용적인 반응에 가깝다. 세상이 그 자체로 아무런 의미도 없어 보일 때 우리가 느끼는 이 의지할 데 없음을 극복하는 데 도움이 되는 실용적인 반응 말이다. 어떤 사상가의 말대로 이것은 인간이 갖는 존재론적 딜레마이다. 우리는 의미도 확실성도 없을 가능성이 큰 우주에서 의미와 확실성을 추구하는 존재이다.

하지만 의미의 추구는 강한 동기가 되기도 한다. 방향을 잃었을 때, 목적의식이 사라졌을 때, 쓸모없는 인간이 된 것 같을 때 그리고 인생이 보잘것없어 보일 때 우리는 제일 먼저 연예, 오락, 심지어 연애까지 익숙한 도구들을 이용하거나 바쁘게 움직이면서 내면의 공허를 덮으려 한다. 그러다 이 도구들도 더 이상 소용이 없으면 삶의 목적 상실이라는 딜레마를 해결하기 위해 영적인 답을 추구하기도 한다.

내면이 혼란스러운데 무기력하고 불안하기만 할 때 인생의 의미를 찾아 어느 정도 편안함과 통제력을 느끼고자 하는 것은 당연하다. 하지만 이 과정에서도 우리는 때때로 좌절을 경험한다. 우리가 만나는 관념적인 답들은 모두 현실에 직면했을 때, 특히 우리의 문제인 나이 듦이 주는 어려움에 직면했을 때 거의 도움이 되지 못한다. 그리고 어느 시점이 되면 생각만으로는 결코 만족스러운 답을 얻을 수 없음을 깨닫게 된다.

이럴 때 우리는 이 질문에 똑같이 씨름하고 있는 다른 사람들이 안내해 주길 바란다. 물론 우리는 인생의 의미에 대한 지적인 답만을 원하는 것이 아니다. 우리는 의미 있게 살아가는 것이 무엇인지를 분명히 보고, 그것이 주는 만족감을 실제로 경험하려면 어떻게 해야 하는지도 알고 싶다. 하지만 이런 질문들에 누군가가 답을 주기를 기대하는 것은 비현실적이다. 누가 해준 말을 믿었는데 나중에 남은 것은 환멸뿐인 경험을 우리 다 해보지 않았는가? 어쩌면 답은 우리가 살아가는 방식 안에서 찾아야 할지도 모른다. 이 말은 누가 해주는 말을 그냥 믿지 말고 머리에서 벗어나 체험 속으로 온전히 들어가는 것이 더 타당한 접근법이라는 뜻이다.

그렇게 할 때 우리는 다른 사람들이 발견한 것, 즉 현재에 존재하고 순간의 삶에—그것이 무엇이든— 집중할 때 삶의 의미를 명확하고 직관적으로 맛볼 수 있다. 이런 경험에 지적인 정당화는 필요 없다. 이런 경험은 그 자체로 정당하다. 하지만 우리 스스로 실험해 확인해 볼 필요는 있다.

정리하면 이렇다. **우리는 단지 생각만 하는 존재가 아니라 살아가야 하는 존재이다. 그리고 우리는 이제 의미 없는 것의 의미를 찾기 위해 의미 있는 활동을 해야만 한다.**

이 책을 쓰는 것에 대해 처음 생각했을 때 나는 아직 준비가 덜 되었다고 믿었다. 할 말이 있기는 했지만 뭔가 가치 있는 것을 쓰기에는 아직 전체를 명확하게 보지는 못한다고 느꼈다. 글을 쓰려고 할 때마다 나는 목적의식의 결여로 인한 혼란과 불안을 어느 정도 경험했다. 하지만 무슨 말을 하고 싶은지 알아내려 하기보다 실제로 지금 벌어지고 있는 일, 다시 말해 그 혼란과 불안에 주의를 집중하려 애썼다. 그렇게 어느 시점이 되자 혼란과 불안은 완전히 사라졌고 이제 더할 나위 없이 준비되었음을 분명히 느꼈다. 그리고 글을 쓰기 시작하자마자 나는 뭔가 진정으로 의미 있는 일을 하고 있다는 깊은 만족감을 경험했다. 내 의심과 불안과 진정으로 함께하기와 글쓰기 활동, 이 둘을 병행하자 내 머리로는 절대 만족스럽게 해결할 수 없었던 질문들에 대한 답을 얻을 수 있었다. 사실 내 머리는 그 질문들을 부적절한 것으로 치부했다.

어떤 면에서 의미 질문은 선불교의 공안公案을 통해서만 그 답을 얻을 수 있을지도 모른다. 좌선하며 그 질문에 집중하는 것이다. 우리가 제기해야 할 진짜 질문이자 어쩌면 가장 효과적인 접근법이기도 한 것은 인생에 대해 "이것은 뭐지?"라고 묻는 것이고, 이때 비로소 우리는 그 의미를 찾을 수 있을지도 모른다.

이 책을 써야 하나 말아야 하나 고민했을 때 내가 했던 질문도 기본적으로 그랬다. 나는 내가 경험했던 의심과 혼란에 대해 대놓고 물었다. 이것은 분석적인 질문이 아니므로 지적이거나 사실적인 답을 요구하지 않는다. "이것은 뭐지?"라는 질문은 머리로 이해하려는 경향을 건너뛰라는 요구이기도 하다.

그렇다면 늘 하듯 머리를 이용하지 않고 어떻게 대답할까? 이 순간 경험하고 있는 육체적인 현실에 집중하는 것으로 대답한다. 바로 지금 당신 자신에게 "이것은 뭐지?"라고 물어보라.

여기서 "이것"은 바로 지금 당신이 경험하는 것이다.

"이것은 뭐지?" 명상

몸에서 가장 강한 감각을 찾아 집중하는 것으로 시작한다.

이제 호흡을 알아차리고 우리 몸의 가장 강한 감각 속으로 숨을 불어넣는다.

몸속으로 숨을 불어넣는 것이 정말로 어떤 느낌인지 본다.

몇 번 숨을 들이쉬고 내쉬는 동안 계속 똑같이 하되 간간이 "이것은 뭐지?"라고 조용히 묻는다. 하지만 어림짐작에 빠지지 않게 조심한다. 생각이 떠오르면 "통화 중 대기" 상태로 둔다.

이제 다시 질문한다. 그리고 이번에는 온몸에 주의를 집중한다. 몸 전체를 느끼고 몸속 에너지를 느껴본다.

계속 집중하되 현재 순간의 단지 한 부분에서 일어나는 좁은 경험에 집중하는 것이 아니라 초점을 넓힌다.

현재 순간의 더 확장된 경험 속에 머무르며 계속 "이것은 뭐지?"라고 묻는다.

이제 한 번 더 주의를 확장한다. 편안하게 집중의 대상을 넓힌다. 단지 그곳에 앉아 있는 경험 그 전체 혹은 게슈탈트Gestalt(부분이 모여서 된 전체가 아니라, 완전한 구조와 전체성을 지닌 통합된 전체로서의 형상과 상태 _ 역자 주)를 경험한다. 다른 일은 아무것도 하지 않고 기본적으로 알아차리기만 한다.

"이것은 뭐지?"라고 물으면서 당신은 여전히 호흡과 몸을 알아차릴 수도 있겠지만 이제 그 답은 단지 존재하는 경험을 포함한다.

단순히 여기 존재하는 육체 속에 정신을 쉬게 하면서, 단지 관찰하고 느끼면서 우리가 경험하는 것은 그냥 이것just this이다. 어떻게 보면 "이것은 뭐지?"라는 공안이자 질문에 우리가 할 수 있는 유일한 대답은 그냥 이것이다. 이것은 분석적 혹은 사실적인 대답이 아니다. 이것은 현재 순간에 대한 비관념적인 경험이다. 게다가 그 답은 늘 변한다.

"이것은 뭐지?" 명상에서는 답을 찾는 것이 아니라 단지 그 질문과 함께 머무는 데 집중해야 한다. 질문과 함께 머무를 때, 다시 말해 알지 못하는 것에서 오는 불안과 혼란의 직관적인 경험과 함께 머무를 때 질문이 저절로 해결된다. 이 질문은 행위를 통해 저절로 해결되는 질문이다. 여기서 행위란 현재 순간의 경험, 그 물질성과 함께 앉아 있는 것이다. 여기서 현재 순간의 경험이란 알지 못하는 것이 주는 불안 및 결핍, 우울, 외로움 같은 현재 진행 중인 모든 감각들이다.

이 질문을 여러 번 명상해야 하지만, 육체적 경험에 제대로 머무른다면 공중으로 튀어 오르는 풍선처럼 불안과 혼란과 알고 싶은 욕망이 그냥 사라지는 시점이 올 것이다. 그 후 남는 것은 무엇일까? 단지 존재하는 것Just Being이 남는다. 그리고 이런 일이 일어나면 인생에 대한 불만이 사라질 것이다. 무의미함도 더 이상 문제가 되지 않는다.

이 순간의 경험과 함께 머무는 것, 이것이 명상의 핵심이다. 명상이 왜 좋은지에 대한 설명을 들을 필요도 없다. 우리는 고요히 앉아 있으면 몸과 마음이 안정된다고 설명할 수 있지만 사실 우리가 앉아 그것을 스스로 경험해 보지 않는 한 그 어떤 설명도 우리를 만족시킬 수 없다. 하지만 고요한 가운데 앉아 단지 내면의 경험들과 함께 머무르는 법을 배운다면 이것이야말로 최고의 현실임을 깨닫게 된다. 어렵더라도 단지 우리 경험과 함께한다면 단지 존재하는 것이 주는 진정으로 만족스럽고 의미 있는 경험을 하게 된다.

우리가 느끼는 만족은 행위에서 나온다. 의미는 활동에서 나온다. 그다음 설명을 추가할 수는 있다. 답을 구하는 정신을 위해서는 그게 도움이 될 수도 있으니까. 하지만 다시 말하지만 진정한 답은 우리가 사는 방식에서 나온다. 어떻게 의미를 경험할 수 있느냐는 질문에 대한 답은 이것이다. 의미는 한 곳에서만 가능하다. 바로 여기, 정확하게 바로 지금 우리가 경험하는 것에서만 가능하다.

죽을 것이 확실한데 삶이 과연 의미가 있느냐고 묻는 사람들이 있다. 허무주의로 귀결될 수도 있는 질문이다. 어차피 죽을 건데 의미는 찾아서 무엇하단 말인가? 하지만 인생이 일시적이고 우리에게 시간이 영원하지 않다는 바로 그 사실이 인생을 의미 있게 한다. 그리고 그것이 나이 듦이 주는 가장 큰 선물이다.

시간이 별로 없음을 깨달을 때 우리는 실제로 현재 순간의 즉흥성 속에서 살아간다. 보고 듣고 먹고 작은 것에 감사하는 것을 포함해서 말이다. 시간이 별로 없을 때 우리는 가장 중요한 일을 가장 먼저 하게 된다. 사랑하는 사람과의 관계를 다지고, 자연을 즐기고, 글쓰기와 같은 예술적 창작 혹은 어떻게든 지구를 더 나은 곳으로 만들기 위한 자원봉사 같은 오랫동안 무시해 왔던 활동들을 추구하는 등, 그렇게 인생의 의미를 경험할 가능성을 높인다.

그래서 우리는 삶의 의미를 어디서 찾을 수 있을까? 더 이상 생산적이지 못하게 될 때 혹은 그동안 가졌던 탄탄한 정체성이 사라질 때 말이다. "새로운 정체성을 수립하려 애쓰는 대신 내면의 삶을 계발하고 현재에 사는 감각을 키운다"가 그 답이 될 수 있다. 현재에 존재하다 보면—진정 현재에 존재하다 보면— 그 자체로 의미 있는 일이라는 느낌이 온다. 어떤 활동 중이든 진심으로 그 순간의 삶을 경험하고자 하는 것이므로 의미가 있다. 그렇게 어딘가에 가 닿으려고 혹은 "누군가"가 되려고 애쓰지 않을 때 우리 자신과 편해진다. 진정한 평정심은 인생을 그 자체로 의미 있는 것으로 경험하는 것에서 나오는 자연스러운 부산물이다. 인생을 그 자체로 의미 있는 것으로 경험한다고 함은 인생은 늘 변하며 좋은 일도 나쁜 일도 일어나고, 그 모든 일을 우리는 거의 통제할 수 없음을 이해한다는 뜻이기도 하다. 인생이 그러함에 항복하는 법을 배우고 모든 것이 어떤 식이어야 한다고 더 이상 요구하지 않을 때 우리는 단지 존재할 수 있다. 이것은 패배주의도 무신경주의도 아니다. 단지 인생을 있는 그대로 의식적으로 받아들이는 것이다.

우리는 분명 모두 행복해지고 싶지만, 인간 삶의 진정한 목적은 진정한 자신으로 깨어나는 것이다. 진정한 자신과 더 자주 만날수록 의미 있는 삶을 살 가능성이 더 커지고 의미 있는 삶을 살면서 느끼는 행복이 진짜 행복이다. 현재 순간의 경험 안에 머무는 법을 터득할 때 우리 연결의 진정한 본성이 그동안 발휘될 날만 기다리고 있었음이 조금씩 분명해진다. 이제 우리는 더 이상 오직 생존만 생각하지 않고 기쁨도 정신적 이해도 추구하지 않는다. 이 모두는 우리 존재의 미스터리로부터 우리를 단절할 뿐이다. 흥미롭게도 삶과의 기본적인 연결을 맛보면 원래부터 관대한 우리 가슴이 드디어 베풀고 싶다는 포부를 갖게 된다. 친절하고 감사할 줄 아는 우리 본래의 능력도 함께 깨어난다. 진정으로 행복한 삶을 사는 데 한 가지 비밀만 있지는 않겠지만 평정심이 부르는 가장 깊은 행복은 현재 순간의 현실과 함께하는 능력과 함께 자라난다. 우리 모두 찾고 있는 의미도 여기서 찾을 수 있다.

살다 보면 인생이 너무 힘들고 아무 의미도 없는 것 같고 그래서 어쩌면 현재의 어려움들과 온전히 함께하고 싶은 생각이 전혀 들지 않는 때도 분명히 있음을 나 역시 잘 알고 있다. 하지만 고통에 등을 돌리고 죽음을 외면하는 것은 고통과 죽음을 없애고자 애쓰는 것만큼 문제를 더 어렵게 할 뿐이다.

내 육체적 통증을 다루면서 나는 절충점을 하나 찾았다. 최악처럼 보일 때 자포자기하거나 자기 연민과 절망에 빠져 괴로워하는 대신 나는 가장 힘든 상황이 내 이해에 깊이를 더해줌을 발견했다. 내가 지금 하는 경험이 달갑지 않을 수는 있지만 그것이 무엇이든, 그리고 그것이 얼마나 불쾌한지와 상관없이 단지 지금의 삶이 그런 것이고 그 삶도 자연 질서의 일부라는 사실은 여전하다.

사람은 누구나 고통을 안고 살아간다. 누구나 괴롭다. 그리고 누구나 죽는다. 우리 작은 마음이 고통을 원하고 원치 않고는 중요하지 않다. 고통이 자연의 질서임을 이해하고 받아들일 수 있을 때 우리는 다음 단계로 좀 더 수월하게 나아갈 수 있고 우리 경험에 항복하고 그것이 무엇이든 온전히 그것과 함께할 수 있다. 때로는 단지 "이것은 뭐지?"라고 묻기만 하면 된다. 그리고 정확하게 그 순간 경험하는 것으로 숨을 불어넣어라.

그렇게 연습할 때 실제로 우리 영혼이 가벼워짐을 보고 놀라게 될지도 모른다. 그럼 이제 우리는 우리가 처한 상황에, 그것이 힘든 상황일지라도 은밀한 유머로 접근하는 것이 가능하다. 인생을 농담으로 본다는 것이 아니고(이건 너무 단순하고 비현실적이다) 우리 자신을, 특히 우리의 생각을 너무 심각하게 받아들이지 않는다는 뜻이다.

우리에게 시간이 무한하지 않음을 온전히 의식하고 따라서 우리에게 남겨진 시간과 기꺼이 온전히 함께할 때 의미와 기쁨을 경험할 것이다.

10
죽음
생각

일흔둘 생일 직후 나는 다음과 같은 짤막한 글을 썼다.

매일 해볼 죽음 생각

나는 내가 죽을 것임을 잘 알고 있다.

언제 어디서 어떻게 죽을지는 모른다.

하지만 내 인생은 언젠가 분명 끝날 것이다.

그 과정에서 육체적 고통이 있을 수 있다.

정신적 고통도, 어쩌면 정신적 능력이 쇠퇴할 수도 있다.

하지만 어떤 죽음이 나를 기다리고 있든, 이 사실만 남는다.

나의 모든 것이 더 이상 존재하지 않을 것이다.

내가 소중히 여기는 모든 사람이 더 이상 존재하지 않을 것이다.

내가 하는 모든 일도 더 이상 없을 것이다.

이것, 바로 지금도 더 이상 없을 것이다.

한탄하는 것이 아니다!

단지 자연의 질서가 그렇다는 것이다.

육체는 조금씩 무너지다가 결국 죽는다.

이것을 부인하거나 불평하거나 싸우려 할 때 괴롭다.

이것을 받아들이고 항복하고 포용할 때 자유롭다.

나는 이 글을 매일 네 번 읽기로 했고 거의 독실하다고 할 정도로 잘 지켜왔다.

이 글을 쓰기 전에는 내가 언젠가 분명히 죽을 거라는 사실을 온몸으로 받아들이기가 극도로 어려웠다. 인간 안에는 죽음에 진정으로 대면하기를 피하게 만드는 뿌리 깊은 무언가가 있는 것 같다. 우리는 모두 시간이 영원할 거라는 망상을 은밀히 견지하고 있다. 삶이 알 수 없는 미래로 무기한으로 연장될 거라고 확신한다. 우리는 우리의 삶이 아무런 경고나 준비 없이 언제라도 끝나거나 급격하게 바뀔 수 있다는 매우 현실적인 사실을 망각한 채, 이런 믿음이 우리를 살얼음판 위에서 얼마나 오랫동안 걷게 하는지 거의 알지 못한다. 그렇게 우리는 마비된 것 같은 자동 조종 장치처럼 인생을 항해하며 "깨어 있는 채로 잠자는" 상태를 유지한다. 그래야 언젠가 죽을 거라는 사실에 직면하는 불안을 경험할 필요가 없기 때문이다.

이 불안은 분명히 이해할 만하다. 생존 본능은 계속 살기 위한 것으로 위험한 상황에서 도움이 되지만, 동시에 언젠가 죽는다는 사실과 전면적인 갈등 관계에 있다. 이 갈등이 불편함을 일으키고, 불편함을 피하고자 하는 우리의 욕망이 매우 강하므로 우리는 죽는다는 사실을 머릿속에서 몰아낸다. 죽는다는 사실에 대면하는 것을 피하기 위해 쾌락을 좇거나 주의를 돌리거나 바쁘게 살거나 무슨 일이든 끊임없이 하면서 말이다. 시간이 영원하지 않음을 본능적으로 눈치챘다고 해도 순식간에 그런 통찰은 해야 할 일, 여행 계획, 저녁에 뭘 먹을까 하는 일상적인 생각들로 대체된다. 이 모든 생각이 우리가 살아 있음을 확인하고 죽음과 무상을 알아차리지 못하게 하는 데 도움이 된다.

죽음에 대해 생각하는 사람도 분명히 있다. 심지어 거의 강박증처럼 죽음에 집착하는 사람도 있다. 이들은 몸에 새로운 증상이 보일라치면 그 즉시 암에 걸린 것이라고 해석하기도 한다. 혹은 사랑하는 사람이 어쩐지 늦게까지 돌아오지 않으면 성급하게 자동차 사고를 당했다고 결론 내리기도 한다. 하지만 이런 생각들은 대부분 우리 정신이 부정적으로 돌아가기 때문이지, 죽음에 대한 진정한 존재론적 알아차림과는 거리가 멀다.

우리는 머리로는 죽을 것임을 알지만 온몸으로 느끼는 경험적 수준에서 정말로 알지는 못한다. 그러므로 죽음이 불가피하다는 진실을 거의 받아들이지 못한다. 다시 말하지만 받아들여 압도적인 불안에 휩싸일 것을 두려워하기 때문이다. 이 불안을 피하는 데 도움이 되므로 그리고 망각 상태로 남는 데 도움이 되므로 우리 인간은 자신이 "특별하다"는 아주 특이하고 기이한 망상을 갖는다. 다시 말해 죽음과 죽음을 부를 수도 있는 고난들이 자신에게는 적용되지 않을 거라고 생각한다. 물론 우리는 그렇지 않다고 말한다. 하지만 우리가 모두 탄생에서 죽음으로 끝나는 생물학적 과정의 대상임을 기꺼이 인정한다고 해도 일상 수준에서는 여전히 죽음을 망각한 채 살아가기 쉽다.

호스피스 병동에서 10년 동안 자원봉사자로 일하면서 나는 언제라도 죽을 수 있는 환자들을 많이 만나왔지만 어떤 형태든 자신이 언제라도 죽을 수 있음을 부인하지 않는 사람은 단 한 명밖에 보지 못했다. 그야말로 죽음이 이미 문턱을 넘어와 있을 때조차 사람은 여전히 시간이 많다는 무의식적인 믿음을 붙잡고 있어야만 하는 것 같다. 죽음이 코앞에 와 있어도 이런 자세를 유지할 수 있다는 것 자체가 인간의 정신이 현실을 피하는 데 얼마나 천재적인지 보여준다. T.S. 엘리엇도 "인간은 현실을 그다지 잘 견디지 못한다"고 하지 않았던가.

세계 문명들을 보면 죽는다는 사실에 실제로 대면할 때 찾아오는 불안, 때로는 극심한 공포로부터 우리를 방어해 주는 고전적인 믿음 체계들이 발전했음을 볼 수 있다. 하늘나라로 가든 신과 합체하든 광대한 우주 에너지의 일부가 되든, 이런 믿음 체계들의 목적은 위로이다. 영적인 영속을 통한다면 정말 죽는 것이 아니니 "나"의 끝으로서의 죽음에 대면할 필요가 없다며 우리를 위로하는 것이다.

물론 종교적 믿음 체계가 우리 자신을 "특별한" 존재로 느끼게 해주는, 다시 말해 다칠 수 없는 존재로 느끼게 해주는 유일한 도구는 아니다. 사람들은 자신이 속한 인종과 나라에서 강한 정체성을 찾기도 하는데 자신이 무언가 무한정 계속될 것의 일부라고 느끼게 해주기 때문이다. 대의명분 혹은 어떤 지도자에게서 정체성을 찾는 것에서 유사한 위로를 얻는 사람도 있다. 또 자신의 유산을 이어줄 아이들을 갖는 것에서 혹은 자신이 사랑하는 사람들, 도와준 사람들의 마음속에서 계속 살아갈 거라는 생각에서 위로를 얻은 사람도 있다. 책을 쓰거나 예술 작품을 완성하는 것 등 뭐든 "나"에게 불사不死의 느낌을 주는 어떤 것에서 위로를 얻는 사람도 있다. 이 모든 위로가 우리를 한숨 돌리게 할 수는 있지만 죽음을 둘러싼 두려움과 사실에 대면하기를 피하려는 교묘한 방식들임을 부인할 수는 없을 것이다. 물론 오직 죽음을 부인하기 위해서 그 모든 일을 하지는 않겠지만 어느 정도는 그렇다는 것이다. 우리는 남아 있는 시간을 더 정직하게 그리고 더 진정성 있게 살기 위해서라도 이 사실을 인정해야 한다.

죽음에 대면하기를 본능적으로 강력히 거부함에도 그리고 뿌리 깊은 문화적 보호책들에도 불구하고, 지혜로운 가르침들을 보면 우리가 궁극적으로는 죽을 것임을 온몸으로 제대로 낱낱이 이해해야 함에 모두 동의한다. 많은 가르침이 심지어 이런 이해가 진정으로 우리를 바꿀 수 있음을 강조한다. 하지만 그런 일이 일어나려면 그 어떤 인생의 위기를 경험해야 한다. 안주 상태에서 끌어내 주고 우리의 망상을 깨줄 무언가를 경험해야 한다. 그것은 가까운 누군가의 죽음이 될 수도 있고, 언젠가 분명히 죽을 것이고 그런 의미에서 전혀 특별한 존재가 아니라는 사실을 내면에서부터 진정으로 이해하게 해주는 심각한 질병이 될 수도 있다. 인생을 바꾸는 사건에 의해 안주 상태에서 튕겨 나오면 길을 잃거나 배신당한 것 같다. 그런 경험이 어떻게 우리 인생을 더 낫게 해준다는 건지 도저히 이해하기 힘들다.

40대 후반에 나는 심각한 피부근염이 재발해 오랫동안 고생했다. 피부근염은 근육이 근육을 공격해 통증과 끈질긴 메스꺼움과 심각한 전신 쇠약을 부르는 자가면역질환이다. 나는 육체적 증상은 물론, 자기 연민, 불안, 우울, 무력감 같은 심리적 증상들도 함께 겪었다. 내가 죽어간다고 생각하지는 않지만 죽음이 무섭기는 했다. 아니 고통 속에서 죽어가는 게 무서웠다. 인정하건대 그 첫 몇 달 동안 나는 자기 연민에 빠져 살았고 그것이 좋은 경험이 될 거라고는 상상하지 못했다. 하지만 그 어려움이 실제로 자유로 향한 길이 될 수도 있음을 조금씩 이해하기 시작했다. 사실 그때 회복하자마자 호스피스 병동의 자원봉사자로 일하기 시작했다. 다시 안주하는 생활에 빠지고 싶지 않아서였다. 죽음의 그 통렬한 현실을 가까이하면 가장 중요한 것이 무엇인지 잊지 않을 수 있을 것 같았다. 죽어가는 사람들 옆에 있는 것에는 죽음을 망각하는 일상적인 상태를 더 이상 유지할 수 없게 하는 무언가가 있다. 그것 때문에 나는 호스피스 병동 자원봉사자 일을 10년 동안 계속했다.

신장암 수술 후 또 다른, 심지어 더 견디기 힘든 경험이 나를 기다리고 있었다. 수술 합병증으로 때로 참을 수 없을 정도인 만성 신경통이 생겼고 지금도 그렇다. 이 경험 덕분에 나는 죽음과 나의 관계를 정직하게 알아볼 필요가 있음을 깨달았다. 그것에 필요한 시간과 에너지가 아직 남아 있어서 정말 다행이었다. 자신의 죽음에 대면하기 시작할 때 경험하게 되는 그 모든 저항을 처리하고 우회로들을 걷는 데 필요한 시간과 에너지 말이다. 더 진정성 있는 삶을 살기 위해 불치병 진단을 받을 때까지 기다린다면 너무 늦다.

그런 실수는 하지 않아도 된다. 안주하며 정신없이 혹은 정신을 딴 데로 돌리며 사는 것은 어느 시점이 되면 물린다. 그럼 우리는 우리에게 가장 소중한 것으로 돌아갈 것을 고려하기 시작한다. 그 과정이 때로는 고통스럽다. 하지만 그럴 수 있음을 인식할 때 새로운 삶을 선택할 자유가 생긴다. 나이 혹은 건강 상태와 상관없이 불가피한 죽음을 받아들이려 노력하는 것이 그 좋은 출발이 될 수 있다. 죽음을 인식하는 것에서 나오는 시각의 변화도 인생의 위기를 겪는 것만큼 우리 일상에 통렬한 깨달음을 더해준다. 실제로 그래서 어떻게 될지는 개인마다 아주 다르다. 어떤 사람은 이제 자신이 가장 사랑하는 사람들과 더 진심에서 우러나오는 소통을 하고자 노력한다. 또 어떤 사람은 기도, 명상 혹은 뭐든 현재의 삶에 더 다가가는 일에 열심히 집중한다. 자신이 가장 가치 있게 생각하는 일을 하며 살기를 더 이상 미루고 싶지 않을 때 우리는 진정한 삶을 살지 못하게 하는 두려움에서 벗어나고 가장 소중하게 생각하는 것들에 감사하게 된다.

내가 가장 가치 있다고 믿는 것 중의 하나가 더 큰 관점에서 보는 것인데, 이것이 "죽음 생각"을 매일 여러 번 암송하는 것으로 가능해졌다. 이것을 암송할 때 나는 한 구절씩 멈추고 천천히 호흡하면서 받아들이려고 노력한다. 그렇게 해서 좋은 점들이 금방 확 드러나지는 않지만, 나는 그렇게 하는 것이 나에게 중요함을 처음부터 깊이 느꼈다.

처음 한동안은 나의 실질적인 죽음을 생각하는 것이 매우 불안했다. 거의 무감각이라 할 만큼 아무 느낌이 없던 날도 있었다. 그리고 솔직히 말해 통증이 심한 몇몇 날들에는 죽음을 생각하면 안도감마저 느껴졌다. 하지만 매일 반복해 읽자 그렇게 어둡고 우울했던 죽음이 가볍게 느껴졌고 어느덧 그것을 한층 더 여유롭게 바라보기 시작했다. 인생이 분명히 끝날 것임을 처음 깨달을 때는 허무

주의에 빠질 수 있지만 꼭 그럴 필요는 없다. 허무주의는 자기 발견의 길에서 우회로이다. 사실 진실은 허무주의와는 거리가 멀다. 나는 탄생과 죽음이 자연적인 과정임을 이해하기 시작했고 그것을 거듭 인정하다 보니 온몸과 마음에서 더욱더 사실이 되었다. 더 이상 예전처럼 불안해하지 않았다.

첫 문장 "나는 내가 죽을 것임을 잘 알고 있다"는 이 글에서 가장 중요한 부분이다. 여기서 나는 우리가 보통 때는 생각하지 못하는 객관적인 사실을 인정한다. 지구 행성의 종들 99퍼센트가 이미 죽었다는 사실이 삶의 이 진실을 무시하거나 부인할 수 없게 한다. 죽음은 불가피하다. 아무도 피할 수도 돌아갈 수도 없다. 얼마나 부자이고 똑똑하고 힘이 있든지 혹은 얼마나 대단한 것을 성취했든지 상관없다. 태어났음은 불가피하게 죽을 것이란 뜻이다.

두 번째 문장 "언제 어디서 어떻게 죽을지는 모른다"는 우리의 죽음을 더 분명히 더 구체적으로 이해하게 한다. 시간이 영원할 거라고 고집스럽게 믿어왔다면 다음 달, 다음 주 혹은 내일 죽을 수도 있다는 사실이 우리를 심각하게 만든다. 그럴 수 있음을 진짜 진지하게 고려할 때 그것은 알람처럼 우리를 깨운다. 어디서 죽게 될 것인지를 생각하는 것도 마찬가지이다. 나는 내 집 내 침대에서 죽을까? 아니면 병원에서? 진실은 절대 생각지도 못한 곳에서 죽을 수도 있다는 것이다.

어떻게 죽을지 생각할 때 생각은 심지어 더 구체적이 된다. 대부분 집에서 자다가 고통 없이 죽으면 좋겠다고 생각할 것이다. 하지만 그러리라는 보장은 결단코 없다. 어쩌면 늙어 평화롭게 죽을 수도 있지만 병에 걸려 고통스럽게 죽을 가능성도 크다. 생각조차 하기 싫은 일일 수도 있지만 그 가능성을 진심으로 받아들일 때 보통 보고 싶지 않아 숨겨놓았던 두려움에서 자유롭게 되는 놀라운 일이 벌어진다.

언제 어디서 어떻게 죽을지를 생각했다면 다음 문장 "하지만 내 인생은 언젠가 분명 끝날 것이다"가 이 글의 가장 중요한 주제를 한 번 더 강조한다. 피할 수 없는, 나에게 영원한 건 아무것도 없음을 현실로 만들어준다. 머리로 이미 알고 있던 것이 이제 단지 하나의 지식이 아니라 "나"에게 적용되는 구체적인 현실이 된다. 우리는 이 문장이 우리 중심을 관통하게 해야 한다.

다음 문장 "그 과정에서 육체적 고통이 있을 수 있다. 정신적 고통도, 어쩌면 정신적 능력이 쇠퇴할 수도 있다"는 더욱더 고통스럽다. 육체가 영원하지 않음을 알지만, 몸의 기관들이 무너지기 시작하고 기억력이 감퇴하기 시작하면 정신적으로 무너지기도 너무 쉽다. 그 시작은 무릎, 발, 손, 등일 것이다. 어떤 사람에게는 눈이 될 수도 있고 소화력이나 순환계의 문제가 될 수도 있다. 그 어느 부분도 이 무너짐에서 예외가 될 수 없다.

몸이 쇠퇴하기 시작하면 두려움, 자기 연민, 우울도 생기기 마련이다. 이 모든 걸 생각하기가 그토록 어려운 이유는 대체로 여전히 그렇지 않기를 어느 정도 기대하기 때문이다. 여전히 자신을 "특별한" 존재로 보는 것이다. 다시 말해 정상적인 생물학적 과정이 자신에게는 적용되지 않을 거라고 믿는 것이다. 하지만 우리 몸과 마음을 포함해 그 무엇도 영원할 수 없다는 사실을 거듭 숙고할 때 조금씩 탄생과 죽음의 자연적인 과정에 우리 자신을 포함하기 시작한다. 그럼 이제 겸손해질지언정 더 이상 배신감은 느끼지 않는다.

다음 문장 "하지만 어떤 죽음이 나를 기다리고 있든, 이 사실만 남는다. 나의 모든 것이 더 이상 존재하지 않을 것이다. 내가 소중히 여기는 모든 사람이 더 이상 존재하지 않을 것이다. 내가 하는 모든 일도 더 이상 없을 것이다"는 이 글을 매우 현실적으로 만들어준다. 이것은 지금까지 살았던 혹은 지금 살아가고 있는 모든 사람에게 사실이다. 이 문장들을 말할 때 나는 기본적으로 더 이상 존재하지 않는 것이 무슨 의미인지 느낀다. 그리고 남편, 아버지, 선생, 친구로서의 내 다양한 정체성 혹은 역할들을 떠올리고 그것들이 더 이상 존재하지 않게 될 것을 본다. 내 다른 소중한 관계들도 마찬가지이다.

내가 사랑하는 사람이 나보다 오래 살아도(그들도 언젠가는 분명 죽을 것이다) 그 관계는 내 육체와 함께 사라질 것이다. 내가 중요하다고 믿는 것, 내가 집착하는 것도 모두 사라질 것이다. 엘리자베스와 함께 이렇게 저렇게 즐기는 것들, 우리가 함께하는 시간, 바닷가 산책, 명상하며 고요히 앉아 있는 것, 읽고 쓰고 가르치고 요리하고 탁

구 치는 것 등등. 모두 더 이상 할 수 없을 것이다. 이 모든 것이 사라질 것이다. 이것을 깨달았다고 해서 나는 상심하지 않는다. 오히려 지금 살아 있음의 경이로움 속에서 깨어난다. 내가 소중하게 생각하는 것들에 진심으로 감사하지 않으며 자동 조종 장치처럼 하루를 보내는 것이 얼마나 쉬운지를 본다. 이렇게 알아차릴 때 나는 나의 하루를 다르게 살 수 있다. 내가 가장 가치 있게 생각하는 일들을 가장 우선시하고 내가 가진 것에 감사할 것을 기억한다. 언젠가는 그것들도 사라짐을 알고 있으므로.

이 깨달음을 더 확실히 하며 우리는 다음 문장, "이것, 바로 지금도 더 이상 없을 것이다"로 현재 순간의 절박한 외침을 알아차린다. 의자에 앉아 이 문장의 의미를 생각하고 느껴보면 나는 이 순간이 결코 반복될 수 없음이, 바로 지금이 존재하는 모든 것임을 더할 수 없이 분명히 깨닫는다. 이제 아픔과 통증에 대한 과도한 걱정, 주식 가치가 떨어지는 것 혹은 청구서에 대한 걱정, 이 음식을 먹으면 살이 찌지는 않을까 혹은 혈관이 막히지는 않을까 하는 걱정, 성공, 자기 이미지 혹은 다른 수많은 허영심을 둘러싸고 일어나는 불안들…. 이런 사소하고 부정적인 모든 것들을 새로운 눈으로 보게 된다. 이 사소한 걱정들이 얼마나 많은 고통을 부르는지도 분명히 알면서도 우리는 여전히 그것들에 이성을 잃고 고집스럽게 집착한다. 다행히 죽음을 숙고할 때 우리는 이 걱정과 불안을 좀 더 명확하게 보게 된다. 바쇼Basho의 어느 하이쿠(일본의 전통 운문 형태의 하나 _ 역자 주)가 이 점을 분명히 보여준다.

여름이 고자질한다
남은 것은
무사武士의 꿈뿐이라고

다음 문장 "한탄하는 것이 아니다!"는 꼭 가슴에 새겨야 한다. 죽음의 현실을 이야기할 때 특히 나이 듦과 함께 찾아올 육체적·정신적 고통을 떠올릴 때 허무주의, 우울 혹은 절망에 빠지기는 너무도 쉽다. 하지만 이 글은 고통스러운 현실을 한탄의 대상이 아니라 새로운 방식으로 보는 데 그 의미가 있다. 그러므로 다음 문장 "단지 자연의 질서가 그렇다는 것이다. 육체는 조금씩 무너지다가 결국 죽는다"를 더욱더 깊이 숙고해 볼 필요가 있다.

우리 인생이 (그리고 죽음이) 모든 살아 있는 존재가 통과하는 자연적인 과정임을 깨달을 때 우리는 어느 정도는 가볍게 그리고 편안하게 삶과 죽음을 받아들일 수 있다. 그리고 이런 일이 나에게 일어나서는 안 된다고 생각하는 특권 의식을 버릴 수 있다. 이것은 지적인 과정이 아니고 단순한 지식도 아니다. 다만 진실을 가슴으로 받아들이는 과정이다. 그 진실을 우리는 살아 있는 현실로 이해하고 느낄 수 있다.

다음 문장 "이것을 부인하거나 불평하거나 싸우려 할 때 괴롭다"

는 우리가 우리 시간 대부분을 어떻게 소비하는지 보여준다. 우리는 우리가 죽는다는 현실을 얼마나 오랫동안 부인하며 살아왔는지 분명히 볼 수 있다. 우리는 시간이 영원하다는 망상을 얼마나 오랫동안 유지해 왔는가? 그리고 맞다. 살얼음판 위를 걷는 것이 주는 찰나의 쾌락을 즐겨왔더라도 우리 안의 무언가는 그 망상이 진짜 망상임을 알고 있었을 것이다. 바로 그래서 우리는 매일 그렇게 많은 시간을 바쁘게 혹은 오락거리를 찾아다니면서 보냈다. 언제나 바로 코앞에 있는 것을 생각하지 않고 피하려고 말이다. 우리는 두려움에 대면하는 일을 일단 항상 미루고 본다.

나이 듦의 현실을 더 이상 부정할 수 없고 쇠약해지는 육체와 무너지는 정신에 좌절하고 나면 우리는 불평할 수밖에 없고 최악을 가정하거나 자기 연민에 빠져 허우적거리기도 쉽다. 하지만 불평과 자기 연민에 빠지는 것이 도움이 된 적이 있던가? 오히려 더 괴롭지 않은가? 나이 듦이 우리를 비껴갈 수 없다는 새로운 증거가 나타날 때마다―예를 들어 주름, 처짐, 뱃살― 숨기려 하고 인생의 흐름일 뿐인 현실을 그 어떤 묘수로 고치려 한다면 이것도 마찬가지로 우리를 괴롭게만 할 뿐이다. 심지어 운동도 불가피한 것에 대항하는 한 형태가 될 수 있다. 운동하지 말라거나 몸을 건강하게 유지하는 일을 하지 말라는 뜻이 아니다. 운동이 문제가 될 때는 노력만 하면 불가피한 쇠퇴를 멈출 수 있다고 생각할 때이다.

어떤 증세든 그 증세를 없애려고 너무 열심히 자신을 몰아붙이는 사람들이 있다. 자신이 강하다고 생각하면 약점이 드러나도 거기서 멈출 수 있다고 믿는다. 하지만 이것은 근거 없는 자신감이고 약해지는 것(혹은 약한 것처럼 보이는 것)에 대한 두려움 때문이므로 어리석다. 어느 시점이 되면 건강도 젊음도 영원할 수 없음을 깨달아야 한다. 예전의 삶을 되찾으려다가는 불행해질 뿐이고 불가피한 것에 그렇게 자꾸 대항하다 보면 불행은 더 깊어진다. 바꿀 수 없는 것에 대항해 싸울 때 항상 고통스럽지 않았는가?

이 글의 마지막 문장은 정확하게 우리가 해야 할 일을 말해준다. "이것을 받아들이고 항복하고 포용할 때 자유롭다." 물론 쉬운 일은 아니지만 그렇다고 그 과정이 꼭 우울한 투쟁이 될 필요는 없다.

삶과 죽음이 자연스러운 과정임을 볼 때, 삶이 유한하고 죽음이 정상임을 볼 때, 받아들이고 제대로 보기가 점점 더 수월해진다. 받아들임의 첫 단계로 인정하라고 할 때 내가 의미하는 것이 바로 이것이다. 개념 혹은 지식으로 시작한 것이 점점 그 형태를 부여받고 온몸과 마음이 이해하는 깊은 어떤 것이 된다. 이것은 점진적인 과정이고 바로 그래서 내가 매일 여러 번 이 글을 암송하는 것이다. 그런 의미에서 이 암송은 기도와 비슷하지만 바라는 것은 오직 진정한 이해이다.

죽을 수밖에 없다는 현실을 받아들였다면 다음 단계는 그것에 항복하는 것이다. 자명한 것에 대한 저항을 멈추는 것이다. 안타깝게도 자신에게 무작정 항복을 강요할 수는 없다. 단지 원한다고 해서 죽음의 현실에 저항하기를 딱 멈출 수는 없다. 하지만 우리의 정신적·감정적·육체적 경험의 정확한 상태에 온 주의를 집중하고 그 속으로 숨을 불어넣으며 그 숨이 그것들과 나 사이에 공간을 제공하게 할 수는 있다. 다시 말해 순간 속 우리 삶의 그 전체를 느끼고 그것에 의지하고 그 안에 머물며 그것이 그저 존재하게 둘 수는 있다. 이것은 패배와 체념의 항복이 아니라 존재하는 것에 더 이상 저항하지 않는 항복이다. 우리 경험에 숨을 불어넣고 그것 속으로 들어갈 때마다 우리는 조금씩 더 깊이 들어간다.

항복했다면 이제 한 단계가 더 있는데 바로 운명을 포용하는 단계이다. "죽음이라는 분명한 사실에 대해 우리가 느끼는 불안을 포용하는 법을 결국에는 배워야 한다"가 그 기본 가르침이다. 이것은 키르케고르에서 니체와 하이데거까지 위대한 실존주의자들이 준 가르침이기도 하다. 키르케고르는 죽음에 정면으로 대면하는 것을 피하지 말라고 경고했다. 피한다면 초월을 경험할 유일한 가능성을 거부하게 될 것이라고 했다. 이 말은 무력감과 방향 상실을 포함한, 죽음에 대면했을 때 생기는 두려움과 공포를 느껴야 한다는 뜻이다. 하지만 동시에 의식과 의도를 확장한다면 그 과정은 내면의 자유로 가는 길이 될 것이다. 끝을 감지할 때, 그러니까 더 이상 여기에 존재하지 않게 될 것을 감지하고 오싹함을 느끼고 도망가고 싶을 때 우리는 두 팔을 벌려 그것을 포용한다.

하지만 어떻게?

여기서 우리는 마음 자세를 조금 바꿀 필요가 있다. 그러니까 무엇이 오든 그것에 "네"라고 말할 수 있는 열린 마음, 두려움의 뿌리까지 파헤쳐 볼 것을 진심으로 바라는 마음, 그런 두려움에 직면하고 온전히 느껴보겠다 작정하는 마음으로 바뀔 필요가 있다. 이 말은 생각, 감정 그리고 우리의 불안을 가라앉히는 육체적 감각들을 온전히 알아차려야 한다는 뜻이다. 이 글을 숙고하며 마지막에 경험을 포용하라는 문장에 다다를 때 나는 때로 내가 얼마나 두려움이나 고통에 사로잡혀 있는지 깨닫는다. 하지만 포용하라는 문장을 읽고 그런 나에게조차 "네"라고 말하면 나만의 요약 문장인 "최악을 다해라Do your worst"가 마음속에 떠오르기도 한다. "최악을 다해라"는 암울해서 하는 말이 아니고 강압적인 말도 아니다. 다만 내가 처한 상황에 일종의 유쾌함을 더하는 것이다.

경험에 항복하면서 우리는 기본적으로 더 이상 저항하지 않고 우리 불안이 그저 거기 존재하게 둔다. 포용은 불안에 적극적으로 관여하며—이것은 단지 불안해하며 걱정하는 것과 매우 다르다—한 단계 더 나아간다. 하지만 포용이 불가능한 날도 있음을 잊지 말아야 한다. 항복조차 할 수 없는 날이 있다. 하지만 대부분의 시간, 최소한 우리에게 시간이 영원하지 않다는 현실은 받아들일 것이다. 그리고 우리 작은 마음이 분노하며 "왜 나야?"라고 물을 때, 분명하게 마음이 보내는 "왜 너는 아닌데?"라는 대답에 수긍할 것이다.

니체와 하이데거는 인생이 정말로 무엇인지 제대로 경험하려면 죽음을 정면으로 포용해야 함을 방대한 저서에서 역설했다. 이들은 죽음을 제대로 보지 않고는 제대로 살 수 없다고 확신했다. 보통 우리는 두려움에 기반한 생각과 감정들에 빠져 그것들이 곧 우리 자신이 되는데, 죽음의 불가피성을 포용하면 실재하는 것처럼 보였던 그 생각과 감정들이 점점 더 구멍투성이에 실체 없는 것들이 된다. 죽음의 현실과 대면하려 노력하자니 우울할 수 있지만 사실 친절과 감사와 사랑—우리가 정직하게 살 때 더 쉽게 나타나는 자질—으로 삶을 더 깊고 풍성하게 살 기회를 놓치고 평생을 수면 상태에서 보내는 것이 더 우울하다.

기초가 되는 원칙은 이것이다. 알아차림이 치유한다. 죽음의 현실을 포용함은 죽음을 기꺼이 그리고 의식적으로 온전히 알아차린다는 뜻이다. 죽음에 정면으로 대면하는 것으로 역설적으로 우리는 죽음을 둘러싼 불안에서 벗어나 더 진정성 있는 삶을 사는 방법을 배우기 시작한다. 완전히 또 영원히 초월한 것이 아니더라도 불안에서 벗어나 어느 정도의 자유는 즐길 수 있다. 결코 가능할 거라고 예상하지 못했던 자유 말이다.

나에게 내 죽음을 매일 숙고하는 것은 안주에서 벗어나 가장 중요한 것으로 나아가는 과정이었다. 그 과정에서 나는 칼 같은 정직함으로 나 자신을 보아야 했다. 그래서 진정으로 바라는 삶을 살지 못하게 했던 두려움과도 대면해야 했다. 내가 피했던 선택들, 하지 않았던 행동들을 보았다. 살지 못한 삶에 후회했고 그러자 인생에서 무엇이 가장 중요한지 다시 생각하게 되었다. 더 깊은 현실과 연결되고 싶었다. 남은 시간과 에너지를 어떻게 소비하고 싶은지 생각하다가 나는 우리가 분명 죽을 것임을 매일 상기하는 것이 궁극적으로 사랑과 명확함으로 가는 길임을 발견했다. 내 두려움과 내 깊이 조건화된 패턴들에 의식적으로 대항하며 노력하자 내 존재 안의 무언가가 변했고 나는 더 자연스럽게 우리 존재의 본성인 사랑과 조금씩 더 연결될 수 있었다.

그런 의미에서 "죽음 생각"은 죽음보다 온전히 사는 법을 익히게 한다. 엘리자베스와 나는 한동안 사람들의 이름이나 특정 단어들을 기억하지 못하는 현상을 경험했다. 처음에는 답답했고 심지어 조금 겁이 나기도 했다. 치매가 아닐까 생각하지 않을 수 없었다. 하지만 인간의 삶, 그 자연스러운 과정을 이해한다면 정신이 조금씩 쇠퇴하는 것도 받아들여야 하는 부분이다. 받아들임의 대안은 부정, 자기 연민, 불평 혹은 헛된 투쟁인데 모두 우리를 괴롭게만 하고 자연의 질서 안에 자신이 설 곳을 알 때 얻을 수 있는 평화를 방해할 뿐이다. 지금 엘리자베스와 나는 서로 생각이 안 나는 단어들을 알려준다. 하지만 그걸 걱정거리로 삼지 않고 그냥 웃어넘긴다. 원래 그런 거니까!

나는 지난 20년 동안 많은 친구와 친척들을 잃었고 호스피스 병동에서 수많은 죽음을 목격했지만 이 경험들이 "죽음 생각"을 할 때와 같은 효과를 주지는 못했다. 나에게는 "죽음 생각"이 시간이 영원할 거라는 뿌리 깊은 망상을 떨치는 데 가장 큰 도움이 되었다.

"죽음 생각"을 한 결과 인생에 있어 내가 우선시하는 것과 인생을 보는 관점이 분명히 달라졌고 지금 사는 방식에도 눈에 띄는 변화들이 생겼다. 사소한 걱정을 덜 하게 되었고 인간관계에 더 정직해졌다. 더는 화 혹은 두려움이 내 인생을 지배하게 두지도 않았다. 더 가볍게 살게 되었고 평정심을 덜 잃게 되었고 더 감사하며 특권의식도 덜 나타났다. 하지만 가장 중요한 것은 아마도 사랑을 더 기꺼이 받고 더 기꺼이 표현할 수 있게 되었다는 것일 테다.

"죽음 생각"에는 죽음이 무엇인지, 죽음 후에는 무엇이 올지에 대한 문구는 전혀 없다. 진실을 말하면 내가 몰라서이다. 사실 그걸 제대로 아는 사람은 아무도 없을 것이다. 하지만 그걸 모른다고 해서 언젠가 분명 죽을 것이라는 사실을 보고 받아들이는 중요한 작업을 멈춰서는 안 된다. 자기의 죽음을 생각하는 것은 "안주하며 두려워하고 싶은가? 아니면 더 열린 가슴으로 살기를 바라는가?"라고 묻는 것과 같다.

죽음을 더 확실히 의식할수록 순간의 소중함에 더 감사하게 된다. 내가 좋아하는 선불교 게송(부처의 공덕이나 가르침을 찬탄하는 노래 — 역자 주)이 하나 있는데 참 아름답다.

인생은 단지
풀잎 위에서 떠는 이슬방울
그렇지만… 그렇지만…

세 가지
인생 긍정 연습

죽음 관련 다음 연습들은 흥미롭고 무엇보다 우리 인생을 바꿔줄 수 있다.

당신의 연대기

종이를 한 장 꺼내 태어나서 죽을 때까지의 시간을 뜻하는 수평선을 하나 긋는다. 수평선 가장 왼쪽에 탄생이라고 쓰고 가장 오른쪽에 죽음이라고 쓴다. 그 선 위에 지금 당신이 위치한 곳을 짧은 수직선으로 표시한다.

먼저 영원하지 않은 현실을 몇 분 정도 느껴보고 그 의미를 생각해 본다.

이제 당신에게 남겨진 시간을 생각하며 무엇을 가장 우선시해야 할지 생각해 보고 적는다.

다 적었다면 앞으로 무엇을 어떻게 다르게 하고 싶은지 생각해 본다.

당신의 부고訃告

당신의 인격을 보여주는 대여섯 문장의 짧은 부고를 적어본다. 당신이 오늘 죽은 것으로 치고 당신을 정말로 잘 아는 사람이 적는다고 생각하고 쓴다.

다 적었다면 그 글이 당신이 몰랐던 당신에 대한 면을 보여주지는 않는지 살펴본다. 만약에 그렇다면 지금 어떻게 다르게 살아야 할지 생각해 본다.

당신의 비석

당신의 비석에 새겨지기를 바라는 말을 써본다. 한 문장으로 짧게 쓴다.

그 한 문장이 당신이 현재 매일 생각해 볼 만한, 당신의 가장 높은 포부를 보여줄 것이다.

11
연결
만들어가기

　나이가 듦에 따라, 특히 이제 시간이 얼마 남지 않음을 깨닫고 나면 점점 더 가장 진실한 것에 집중하고 싶어진다. 인생의 심오한 진짜 의미를 이해하려는 노력을 이제 더 이상 미룰 수 없다. 영성을 지향하며 괜찮게 살아왔다고 해도 여전히 무언가 중요한 걸 놓치고 살았음을 알아차리고 번민하게 될 수도 있다. 우리는 사랑과 연결의 진정한 본질을 알고 생생히 경험하고자 하는 열망이 아직 충족되지 않았다고 느낄 수도 있다.

　물론 우리는 모든 존재가 서로 연결되어 있음을 논할 수 있고 지적으로 분명히 이해할 수도 있다. 호흡하며 들이마시는 공기가 우리 주변 어디에나 있는 그 공기이고, 내 안의 공기와 내 밖의 공기 사이에 사실은 그 어떤 차이도 없음을 어느 정도는 이해할 수 있다.

하지만 이런 연결을 개념적으로 이해하는 것과 그것을 직접 맛보며 경험하는 것은 매우 다른 이야기이다.

때로 그 어떤 은총의 순간에 우리는 그 근본적인 연결을 실제로 느낄 수도 있다. 예를 들어 새가 지저귀는 소리를 들었는데 그 소리가 우리 안에 들어와 우리를 가득 채우고 그렇게 온 세상이 열릴 수도 있다. 그리고 긴 명상 리트리트 후 뭐라고 말로 표현할 수 없어도 삶이 모두 연결된 것 같을 때 분리 없음, 안녕함, 완전함을 감지할 수도 있다. 이런 일은 주로 알아차림 능력을 강화하며 오랜 기간 현재에 머무르는 노력을 한 결과로서 일어난다. 더 잘 알아차릴 수 있을 때 우리는 더 이상 우리 생각을 믿지 않아도 된다. 그리고 우리 생각과 감정과 몸이 우리의 전부라고 믿지 않아도 된다.

하지만 그런 연결의 순간을 경험했음에도 불구하고 그 후 다시 우리가 분리된 존재이고 자아가 영원함을 굳건히 믿는 오래된 습관으로 돌아올 수도 있다. 오랫동안 견지해 온 패턴의 힘이 우리를 지적인 이해나 짧은 경험 이상으로 넘어가지 못하게 하고 그래서 우리는 결국 상호연결의 그 진실에 따라 살아가지 못한다. 우리가 분리된 존재이고 자아가 영원하다고 믿는 것이 단지 망상일 뿐임을 정말로 알아차렸다고 해도 말이다. 우리는 자신과 타인을 보면서 우리가 사실은 많은 페르소나, 즉 "나"라고 부르는 많은 자아의 종합임을 알 수 있다. 어떤 "내"가 지배적일지는 현재 우리가 어떤 자아상 혹은 정체성을 갖고 있느냐에 따라 달라진다.

이것은 기분에 따라 상대방이 다르게 보이는 것만 봐도 알 수 있다. 기분이 나쁠 때면 사람들이 보기 싫고, 기분이 좋을 때면 그 똑같은 사람들이 좋아 보인다. 또 흔한 예로 음주나 과식 같은 특정 행동을 하지 않겠다고 굳게 결심하지만 바로 그 일을 또 하고 있지 않은가? 이런 상황을 매일 겪는데 어떻게 하나의 변하지 않는 독립적인 자아만 있다고 믿을 수 있겠는가? 하지만 그런데도 우리는 정확하게 그렇게 믿고 있다.

진정한 자유는 자신이 다른 사람과 세상으로부터 어쨌든 떨어져 나온 분리된 존재라고 믿는 망상에서 벗어날 때 맛볼 수 있다. 분리된 자아라는 망상을 제대로 본다는 것은 현재 우리 자신으로 믿고 있는 그 "자아"가 불완전하고 부정확하고 기껏해야 진정한 우리의 아주 작은 부분일 뿐임을 인식하는 것이다. 이것을 분명히 볼 때 분리 느낌에서 다른 모든 삶과 상호연결을 경험하는 것으로 넘어갈 수 있다. 상호연결을 의미하는 것은 많다. 그것이 "신"이든 모든 것의 보편적인 본성이든 우리가 지금 말하고 경험할 수 있는 그것은 모든 형태를 포괄하는 일체一切이고, 이 일체 안에서 현실이 드러난다.

만물에 대한 우리의 단호한 관점이 우리가 현실을 인식하고 경험하는 방식을 결정함을 이해해야 한다. 독립적이고 분리된 자아라는 개념이 사실이라고 무의식적으로 가정하고 있는 한 우리는 세상을 계속 우리와 분리된 것으로 인식하고 경험할 것이다. 때때로 상호

연결을 맛보더라도 변함없이 분리된 존재라는 믿음과 가정이 더 우세하므로 "나"로 살아가는 거라는 조건화된 우리의 관점에 지속적인 타격을 주지는 못한다.

나는 상호연결을 온몸으로 정기적으로 경험하려면 실질적인 연결 연습이 필요하다고 믿는다. 꾸준히 반복 연습하다 보면 깊이 뿌리박힌 분리에 대한 가정이 도전받게 되고 그 견고함을 어느 정도 잃게 된다. 부분들로 깨져서 분리되고 서로 상관하지 않는 세상이라는, 현실에 대한 기존의 관점이 느슨해지고, 그러면 우리가 세상을 인식하고 경험하는 방식을 좀 덜 지배하게 된다. 그 결과 우리는 점점 더 현실을 있는 그대로 일체로 경험하기 시작할 것이다.

기본적인 연결을 경험했다고 해서 꼭 완전한 하나임을 섬광이 터지듯 깨닫게 되는 것은 아니다. 그것도 분명 가능하지만 우리는 지금 여기서 우리 마음이 일반적으로 세우는 장벽들이 천천히 무너져 내리는 과정을 말하고 있다. 우리 자신과 다른 모든 사람과 모든 것 사이에 있는 장벽들이 해체되는 과정 말이다.

모든 명상법에는 위험 요소가 있음을 염두에 두는 게 좋다. 연결을 위한 명상은 어떤 특별한 경험을 갈망하는 함정에 쉽게 빠질 수 있다는 위험 요소가 있다. 다시 말해 우리는 "모든 것과 하나임을 느끼려" 들 수 있다. 하지만 특별한 방식으로 느끼고 싶은 욕망을 포함해 무슨 일이 일어나든 그것에 주의를 집중하라는 지시를 따라가기만 한다면 우회로로 빠지는 함정을 피할 수 있다. 현실에 대한 조건화된 관점에서 벗어나지 못하게 하는 우회로 말이다.

다음 명상은 연결을 경험하도록 고안된 명상이다. 이 명상을 나는 지난 몇 년 동안 규칙적으로 해왔다. 강한 집중력과 "알아차림 근육"을 일반적으로 가능한 것 그 이상으로 요구해서 때로 버겁기도 했지만 효과가 아주 강력한 연습임은 분명하다.

이 명상에서 중요한 것은 전체 자신에 주의를 집중하는 것인데 이것은 독특한 육체적 경험으로, "내가 여기 있음"을 느끼는 것이라고도 할 수 있다. 그런데 "여기 있음"을 경험하는 나는 작은 에고의 "나"가 아니라 더 큰 의미의 우리 자신임을 꼭 이해하기를 바란다. 이 말은 더 이상 우리의 생각, 감정, 심지어 몸까지, 이것들을 우리의 모든 것으로 보지 않는다는 뜻이다.

하지만 다시 말하지만 연결을 느끼려 하지는 않는다. 단지 본래의 연결이 살아날 수 있는 조건을 만들기만 한다.

주의할 점 ___ 이것은 다소 어렵고 수준 높은 연습이다. 몇 번 앉아보고 해낼 수 있는 일이 아니다. 나도 몇 달을 매일 연습하고서야 제대로 할 수 있었다. 꼭 집어서 말하자면, 장황하고 억지스러운 것처럼 보일 기술적 설명 부분을 이해하는 데 시간이 좀 걸릴 것이다. 하지만 그래도 꾸준히 한다면 금방 자연스럽게 할 수 있을 것이고 큰 노력 없이 단지 여기 있겠다는 부드러운 의도 정도만 내도 충분해질 것이다.

일단 처음에는 다른 일반 명상이 거의 끝나갈 즈음 5분에서 10분 정도만 이 명상을 해보기를 권한다. 그렇게 무엇이 가능한지 일단 한번 느껴보자.

그렇다. 우리는 우리만의 독특한 자아이다. 그리고 동시에 역동적인 전체의 일부이다. 환경운동가이자 작가인 존 뮤어John Muir의 말처럼 "무언가를 그것만 뽑아내려 할 때, 그것이 우주의 다른 모든 것과 결합해 있음을 본다." 따라서 우리는 호흡으로 시작하고 그다음 몸을 포함하고 그다음 환경으로 확장한다. 그렇게 존재하는 모든 것과의 불가피한 연결 속으로 들어가는 것이다. 그때마다 우리는 인생이 주는 좀 더 광대한 느낌과 우리 자신을 동일시한다.

어느 순간 우리는 자신이 심지어 그 광대함 자체이자 그것의 독특한 현현임을 날카롭게 알아차릴지도 모른다. 중국의 어느 유명한 선사는 "나는 내가 만난 모든 것을 포함하는 나를 만났다"라고 했다. 이것은 연결이 단지 하나의 단어 그 이상이 되는 순간을 말한다. 이것은 "모든 것이 하나다"라는 깊은 지혜를 구현하는 말이다.

다음이 그 연습이다.

연결 경험 만들기 명상

이 연습을 할 때는 연습의 부분과 부분 사이 충분한 시간을 둬서 각 부분을 제대로 느낀다. 눈을 부드럽게 뜨고 있는 것이 잠이 드는 상태를 피하는 데 좋을 것이다.

편하지만 기민한 상태를 유지하는 자세를 잡는다.

이제 호흡에 주의를 집중한다.

먼저 코로 공기가 들어가고 나가는 것을 느낀다.

숨을 들이쉴 때 느껴지는 공기의 차가움과 내쉴 때 느껴지는 공기의 미세한 질감을 놓치지 않는다.

세 번의 들숨과 날숨 동안 그렇게 계속 숨을 알아차린다.

이제 가슴 중심으로 곧장 숨을 불어넣는 것처럼 호흡하며 세 번의 들숨과 날숨 동안 가슴 부분의 감각을 알아차린다.

가슴이 올라갔다 내려가는 것을 느끼고 숨을 쉴 때마다 가슴 중심으로 조금 더 깊이 호흡한다.

이제 세 번의 들숨과 날숨 동안 복부로 호흡하며 복부를 느낀다.

숨을 들이쉬고 내쉴 때마다 배에서 느껴지는 감각을 구체적으로 느낀다.

이제 알아차림의 범위를 확장해 호흡이 부르는 전체 경험을 알아차린다.

코와 가슴 중심과 배에서 일어나는 감각을 동시에 느낀다.

코와 가슴과 배 사이를 움직이며 연결을 느껴보는 것도 괜찮다.

호흡이 부르는 전체 경험을 최소한 세 번의 호흡 동안 알아차린다. 몸의 다양한 부분들에서 호흡이 부르는 전체 경험을 알아차리다가 초점의 중심을 가슴 중심으로 옮겨 간다.

생각이 일어날 것이다. 그럼 단지 그 생각들을 알아차린 다음 통화 중 대기 상태로 둔다. 모든 판단도 마찬가지로 통화 중 대기 상태로 둔다. 어떤 특별한 마음 상태를 얻고자 하는 열망도 생기면 보고 대기 상태로 둔다.

호흡이 부르는 전체 경험으로 계속 돌아온다. 코와 가슴 중심과 배에서 호흡이 부르는 감각을 전체적으로 느낀다.

그 상태로 몇 번 더 호흡한다.

이제 알아차림을 몸 전체로 확장한다.

세 번의 호흡 동안 머리와 몸통의 감각에 주의를 집중하는 것으로 시작한다.

다음 세 번의 호흡 동안 양팔과 양손의 감각도 알아차린다.

다음 세 번의 호흡 동안 양다리와 양발의 감각도 알아차린다.

머리, 몸통, 팔, 손, 다리, 발을 포함한 몸 전체의 감각 느낌felt-sense(포커싱 치료의 창시자인 유진 젠들린이 제시한 개념으로 문제, 상황, 경험, 사람에 대한 신체 감각적 자각을 뜻한다 _ 역자 주)을 마치 당신이 거의 당신 밖에 있는 것처럼 느낀다.

주의를 보내면 그 즉시 살아나는 다양한 부분들을 느낀다.

완전히 살아난 몸의 진동 영역을 느낀다.

당신만의 존재를 느낀다.

거기 앉아 있는 몸을 느끼고 "내가 여기 있음"을, 그 존재론적 경험을 느낀다.

도움이 된다면 "내가 여기 있다"라고 조용히 자신에게 말하는 것도 좋다.

최소한 세 번의 호흡 동안 그 상태를 유지한다.

이제 알아차림을 환경으로 확장한다.

먼저 세 번의 호흡 동안 당신 주변의 공기를 느낀다. 피부에 닿는 공기의 감촉을 느낀다.

다음 세 번의 호흡 동안 가깝고 먼 곳에서 나는 소리를 듣는다. 소리에 이름을 붙이려 하지 말고 그 청각적 경험과 함께하기만 한다.

다음 세 번의 호흡 동안 그 방의 공간을 느낀다.

이제 세 번의 호흡 동안 환경의 전체 경험을 알아차린다. 공기를 느끼고 소리를 듣고 방의 공간을 감지한다.

호흡, 몸, 환경 사이의 기본적인 연결을 경험하기 위해 이제 그 세 요소를 모두 한꺼번에 알아차리기를 시도한다. 하나에서 다른 하나로 주의를 부드럽게 옮겨 간다.

가슴 중심에 주의를 집중하면서 코, 가슴, 배의 감각들을 느낀다.

그렇게 하는 동안 머리, 몸통, 팔, 손, 다리, 발을 포함한 당신 전체의 감각 느낌을 알아차린다. 당신 존재 전체를 느낀다.

호흡의 전체 경험과 몸의 감각 느낌을 알아차리는 동안 공기의 온도, 소리, 방의 공간에 대한 감각, 즉 환경도 알아차린다.

호흡, 몸, 환경 사이를 재빨리 왔다 갔다 하면서 그 모든 것을 최대한 한꺼번에 느끼려고 노력한다.

몸과 환경의 다양한 측면들이 알아차림의 한 영역 안에 있게 한다.

몇 번 호흡하는 동안 그 상태를 유지한다.

호흡, 몸, 환경이 잘 짜인 태피스트리(여러 가지 색실로 그림을 짜 넣은 직물 _역자 주) 안에서 서로 어떻게 엮여 있는지 감지한다.

"내가 여기 있다"라고 조용히 말한다.

호흡을 한 번 할 때마다 각 단어를 하나씩 천천히 말하며 "내가 여기 있다"를 반복해 말한다.

여기에 있음, 존재, 단순히 여기 앉아 있음을 느낀다.

눈을 완전히 뜨고 무엇이든 그 방에 있는 것과의 연결을 느낀다.

방 밖의 공간과의 연결을 느낀다.

호흡, 전체 몸, 환경으로 돌아온다. 더 이상 분리도 소외도 느끼지 않는다.

몇 번의 호흡 동안 그 연결의 느낌을 경험한다. 알아차림과 에너지가 어떻게 섞여 있는지 느낀다.

내면의 고요와 침묵 안에서 우리 존재의 본성인 사랑을 느낀다.

우리 존재의 본성인 사랑을 알고 진정으로 경험한다면 깨어나게 혹은 "깨닫게" 될 것이다. 일시적이더라도 말이다. 아주 한정된 인식의 물방울 밖으로 나오며 점차로 자유롭게 되는 것이 깨달음이 아니라면 무엇이 깨달음이겠는가? 현실을 보고 있다고 생각하지만 우리가 보는 것은 우리 모든 욕망과 정신적 연상을 포함한 조건화와 언어의 필터를 거친 자신만의 주관적인 인식이다.

우리는 이해하고 살아남기 위해 자기만의 주관적이고 안전한 세상을 만들었지만 자기만의 인식의 물방울 안에서만 산다면 우리 인생은 경계가 분명한 고정된 세상으로 쪼그라들고 우리는 전체, 그 존재의 미스터리에서 떨어져 나올 것이다. 연결 경험 만들기 명상이 단지 정신적 개념만이 아니라 물리적 현실에 관한 알아차림을 계발하는 이유가 여기에 있다. 이 명상은 더 넓고 더 광활한 알아차림에 조금씩 마음을 열게 한다. 우리는 호흡을 알아차리는 것으로 시작해 한정된 알아차림의 영역에서 계속 나오면서 우리의 기본적 연결을 경험하기 시작한다. 어쩌면 그 광대함을 때때로 맛보게 될 수도 있다. 분리의 커튼이 열리면 우리는 자신이 더 이상 단지 생각이나 몸이 아니고 그 이상의 존재임을 이해하기 시작한다. 그런 이해가 점점 더 커지면 우리는 우리 안에서 인생의 진짜 모습, 즉 연결을 경험하기 시작한다.

이때 우리는 인생의 임무를 완수할 가능성이 조금씩 커진다. 다시 말해 진짜 자신에 대한 진실, 즉 존재의 본성이 연결과 사랑이라는 사실을 알게 된다.

기본적 연결에 다가갈 때 우리는 인생에 "네"라고 말하는 것이 정말 무엇을 의미하는지도 이해하게 된다. 이것은 어려움과 고통에조차 "네"라고 말하는 것을 포함한다. 다시 말해 우리는 살면서 느꼈던 기쁨이 고통이나 상실과 떼려야 뗄 수 없음을 이해한다. 모든 것이 불가피하게 서로 연결되어 있다. 고통, 실수, 나약함, 집착 모두 우리가 발전하는 데 꼭 필요한 것들이다. 우리가 그토록 싫어했던 모든 것이 우리를 성장하게 했고 현재 우리가 서 있는 곳 그 전체에 꼭 필요한 일부이다. 우리는 사실상 그 모든 것에 "네"라고 말하고 그 모든 것을 포용한다. 이것이 진정한 우리 자신이 되는 지름길이다.

자기 연민과 두려움에 굴복하지 않고 어려움과 상실에 "네"라고 말하는 데에는 용기가 필요하다. 인생을 살다 보면 때로 길을 잃고 헤매기도 할 것이다. 하지만 그럴 때마다 자신을 비판하는 것은 불필요하고 도움도 되지 않는다. 다시 말하지만 모든 우회로와 퇴보도 배움과 성장의 길에 일부이며 인생에 "네"라고 말하며 동의한다면 우회로든 뭐든 그 인생의 모든 것에도 "네"라고 말해야 한다. 기본적 연결을 경험한다면 우리 인생의 전부를 인정하고 그 모습 그대로 기꺼이 진정으로 살게 될 것이다.

붓다의 말로 돌아가 보자. 붓다는 우리가 이곳에 영원히 있지 않음과 오늘이 인생의 마지막일 수도 있음을 기억해야 한다고 했다. 내일 무슨 일이 일어날지 우리는 모른다. 심지어 바로 다음 순간에 무슨 일이 일어날지도 모른다. 하지만 시간이 한정되어 있음을 기억한다면 하루하루가 소중하며 그 무엇도 그 누구도 당연한 것으로 여기지 말아야 함을 이해하기 시작한다. 과거를 곱씹고 미래를 걱정하며 혹은 일상에 안주하며 더 이상 시간을 낭비하지 않는다. 오랫동안 호스피스 병동에서 자원봉사를 했으므로 나는 얼마나 많은 사람이 후회하며 죽어가는지 잘 알고 있다.

이 책에 소개된 명상법들을 연습하다 보면 어쩌면 살면서 처음으로 인생을 진지하게 받아들이며 사랑과 연결을 더 자주 경험하는 방향으로 나아가게 될지 모른다. 적어도 나는 자연과의 관계에 있어 분명히 그랬다. 풀과 나무들, 그리고 특히 집 앞의 바다가 점점 더 나와 하나인 것처럼 보이고 느껴졌다. 그리고 주변의 사람들을 진정으로 인정하게 되었고 그들도 언젠가는 죽는다는 사실도 인정하게 되었다.

연결 경험 만들기 명상을 하면서부터 나는 명상을 가르치는 데서 훨씬 더 깊은 만족감을 느끼고 있다. 이제 학생 한 명, 한 명을 가르칠 때 나는 내가 그들보다 더 많이 배웠고 경험도 더 많음에도 불구하고 내가 그들과 다르다고 느끼지 않고 분리보다 연결을 느끼기가 훨씬 더 쉬워졌다. 엘리자베스와 함께하는 삶에서도 마찬가지이다. 물론 우리는 여전히 많은 것에서 서로 다르지만 지금 우리 관계를 가장 잘 설명해 주는 걸 꼽으라면 그것은 우리가 나누는 사랑이다. 자신을 확장하고 서로를 위해 무언가 "하고 싶어 하는" 사랑 말이다.

어떤 관계에 있든 우리 중 하나가 언제라도 죽을 수 있는데 무엇 때문에 속 좁고 자기중심적인 행동을 계속해야 하는가? 상대에게 화를 내고 옹졸하게 바라보고 비판하고 있는데 상대가 죽어버린다면 어떨까? 그런 상황을 바라는 사람은 결단코 아무도 없을 것이다. 우리는 다만 상대의 눈을 들여다보면서 기억해야 한다. 누구에게나 고통은 있고 누구나 괴롭고 누구나 죽는다는 것을. 상대를 평가하지 않고 있는 그대로 경험할 때 남는 것이 사랑이다.

연결 경험을 계발할 수 있을 때 우리는 가장 깊은 지혜의 한 측면에 다가갈 수 있고 그것은 "모두가 하나"라는 측면이다. 모두가 하나임을 진심으로 이해하기 시작할 때, 특히 모든 존재가 고통을 나누고 있음을 느낄 수 있을 때 우리는 그 가장 깊은 지혜의 또 다른 측면에도 다가갈 수 있는데 그것은 "모두가 사랑이다"라는 측면이다. "결국 가장 중요한 것은 얼마나 잘 사랑했느냐이다." 이 말도 붓다의 말이라고 전해진다.

12
갱신

나이 듦에 있어서 우리는 모두 초심자이다. 노년이 완전히 새로운 영역이라는 사실이 확실히 문제들을 더 어렵게 할 수 있다. 하지만 이 점이 오히려 긍정적으로 작용할 수도 있다. 노년을 인생의 새로운 단계이자 갱신renewal의 단계로 볼 수 있다면 말이다. 자기 숙고와 내면 탐구에 더 많은 시간을 쏟을 기회가 가장 많이 주어지는 시기가 바로 노년이다. 그 결과 육체적으로 어떤 한계 상황에 있든 친절과 감사하는 마음을 계발하고 그 마음으로 살아갈 가능성이 생긴다. 그리고 친절과 감사는 만족스럽고 평온한 삶에 아주 중요한 두 가지 자질이다.

친절

친절하기가, 특히 자신에게 친절하기가 쉽지 않다. 인간 존재는 대부분 자신이 뭔가 근본적인 수준에서 틀려먹었다고 뿌리 깊게 믿고 있는 듯하다. 자신이 부족하다거나 남들보다 "못하다"고 느끼고 두려워한다. 어떻게 이렇게 되었는지는 또 다른 문제이다. 어쨌든 정직하게 자신을 들여다볼 때 근본적인 자기 의심이 탑재되어 있음을 알 수 있다. 그것이 대체로 무의식적인 믿음이라고 해도 말이다. 하지만 그렇기 때문에 지금 있는 그대로의 자신에게까지 친절을 보내는 능력이 매우 중요하다.

게다가 우리는 자주 외모, 평판, 성공 여부 같은 외부적인 잣대에 휘둘린다. 아직도 이런 것들에서 자신의 가치를 찾는다면 외부적인 요인들 위에 자신의 가치를 세우는 것이 모래 위에 집을 짓는 것과 같음을 이해하지 못한 것이다. 나이가 듦에 따라 외모와 성공 모두 쇠퇴의 길에 접어든다. 운이 따라준다면 진정한 가치는 외부적인 것이 아니라, 우리가 진정 누구인지와 이 세상에서 우리의 자리를 아는 것에서 나옴을 이해하기 시작할 것이다. 그런데 이것도 자신에게 친절해지는 연습을 통해야 가능하다. 다시 말해 현재 그 모습 그대로의 자신을 받아들이는 법을 배울 때 가능하다.

문제는 신체 능력이 쇠퇴하기 시작하는 것을 포함해 무언가 잘못되어 갈 때 마치 그것이 우리의 실패를 증명이라도 하는 듯 의기소침해질 수밖에 없다는 것이다. 자신이 뭔가 부족한 사람처럼 보이는데, 이런 자기 평가가 우리를 외롭게 만든다. 우리는 자신이 단지 인간일 뿐이며 그 어떤 인생도 바라고 꿈꾸는 대로만 흘러가지는 않음을 잊어버린다. 그런데 자신에게 친절할 때 우리는 공통의 인간성, 즉 모두가 때로는 괴롭고 모두가 때로는 몸부림친다는 사실을 깨닫게 된다. 자신에게 여러 구체적인 방식들로 친절할 때 우리는 자기 평가를 그만두고 사람들이 말하는 것 혹은 이른바 성공에 따른 가치가 아닌 자기만의 고유한 가치를 갖게 된다.

이런 이해들을 통해 우리는 더 이상 "실패"가 두렵지 않다. "바람직한 방향"으로 짜놓은 계획들이 틀어지는 것을 볼 때도 인간이기에 좌절도 겪는 것임을 더 깊이 이해하고 굳건히 인내할 기회로 본다. 바로 이러한 이유에서 질병을 얻거나 나이 듦에 의해 곤란을 겪을 때도 자신에게 친절한 것이 결코 사소한 일이 아닌 것이다.

친절은 소중한 재화財貨이다. 당신은 친절과 공감이 절실했는데 결코 받지 못했던 때를 기억하는가? 반대로 혼자 겁을 먹고 있는데 기대치 않게 누군가의 친절을 받은 적은 없는가? 그것은 굉장히 큰 선물이었을 것이다.

나는 얼마 전에 어느 종합 대학 소재 통증 클리닉의 원장을 만난 적이 있다. 내가 몇 년 동안 앓아온 신경통의 증세들을 말했는데 그의 반응은 단순했다. "선생님의 증세는 고치기 쉽지 않고 솔직히 말씀드려 진짜 도움이 될 만한 치료법은 없습니다." 나는 그 어떤 연민도 없는 그의 말과 태도에 조금 충격을 받았다. 그 방을 나오면서 의사들은 이제 만나지 않는 편이 좋겠다고 짧게 생각했다. 하지만 이틀 후 나는 다른 통증 클리닉의 원장을 만났다. 그 의사에게도 똑같이 내 증상들을 설명했고 그의 반응은 기본적으로 다음과 같았다. "선생님의 증세는 고치기 쉽지 않지만 제 생각에 도움이 될지 모를 몇 가지 방법이 있습니다. 그러니 한번 해봅시다." 그 말만이 아니라 그 관심과 친절이 나에게는 치유였다.

당신은 자신과 타인에 대한 친절을 어떻게 계발할 수 있는지 궁금할지도 모른다. 유효성이 증명된 방법은 규칙적으로 친절 명상을 하는 것이다. 친절 명상은 기본적으로 우리 자신과 타인의 (사실이든 상상해 낸 것이든) 모든 결점에 대한 비판을 멈추게 하고 평가를 삼가게 한다. 우리 가슴 속 관대함의 자연스러운 표현으로서 조건 없는 친절을 적극적으로 확장하는 것이 그 핵심이다. 그리고 모든 사람의 안녕을 기원하는 마음 자세를 계발한다. 친절로 우리는 타인에 대한 선천적인 호의와 연결을 경험한다. 이 선천적인 호의는 마음을 열 때 드러나는데 보통은 끊임없이 평가하려는 경향 때문에 마음을 열기가 쉽지 않다.

다음이 내가 매일 하는 기초적인 친절 명상이다.

기초 친절 명상

앉거나 누운 다음 몇 번 심호흡하며 몸의 긴장을 푼다.

숨을 알아차리고 가슴 중심으로 들어가는 숨을 따라간다.

어떤 느낌이 들든 그것을 알아차리기만 한다.

숨을 들이쉴 때마다 조금 더 깊게 알아차린다.

친절의 기질을 활성화하기 위해 먼저 아주 긍정적인 느낌을 주는 사람을 생각한다. 그 사람이 주는 느낌을 최대한 분명히 떠올린다. 그 느낌을 들이쉰다.

그 느낌으로 당신의 타고난 친절을 활성화한다.

그래도 친절이나 따뜻함이 전혀 느껴지지 않는다면 단지 그러함을 알아차리고 계속한다.

자신에게:

자신에게 (속으로) 다음과 같이 말한다. 각 문장에 몇 번 호흡할 정도로 오래 머문다.

숨을 들이쉬고 가슴에 머문다.

숨을 내쉬며 나에게 친절을 보낸다.

정확하게 지금 있는 그대로의 나 자신에게.

지금 어떤 감정을 느끼고 있든 그것에 상냥하고 친절하라. 기본적으로 당신 자신의 안녕을 기원한다.

숨을 들이쉬고 가슴에 머문다.
숨을 내쉬며 친절과 사랑을 막는 것에 주의를 보낸다.

자기 평가, 분노, 냉담에 사로잡힐 때마다 알아차림으로 치유한다.

숨을 들이쉬고 가슴에 머문다.
숨을 내쉬며 타인에게로 친절을 확장한다.

타인에게 확장되는 친절 속 관대한 마음을 느낀다.

위의 문장들을 한 번 더 반복한다.

타인에게:
이제 친절을 보내고 싶은 가까운 누군가를 생각한다.
숨을 들이쉬며 그 사람의 이미지를 가슴 중심으로 보낸다.
숨을 내쉬며 (속으로) 다음과 같이 말하기를 반복하며 그 사람에게 친절을 보낸다. 각 문장에 몇 번 호흡할 정도로 오래 머문다.

[이름]을 들이쉬고 가슴에 머문다.

숨을 내쉬며 [이름]에게 친절을 보낸다.

정확하게 지금 있는 그대로의 당신에게.

그가 지금 무엇을 경험하고 있든지 그것에 상냥하고 친절할 수 있기를 바란다.

[이름]을 들이쉬고 가슴에 머문다.

숨을 내쉬며 [이름]이 어려움에서 치유되기를 바란다.

기본적으로 그 사람이 자신의 어려움에서 배우기를 바란다. 가능할 것 같으면 그것에서 자유롭게 되기도 바란다.

[이름]을 들이쉬고 가슴에 머문다.

숨을 내쉬며 [이름]도 타인에게 친절을 보내기를 바란다.

그 사람이 모든 사람의 안녕을 느낄 수 있기를 기원한다.

친절을 보내고 싶은 사람의 수만큼 위의 문장들을 반복한다. 긍정적인 느낌을 주는 사람들로 먼저 시작하고 나중에 상대하기 어려운 사람에게도 친절을 보내는 실험을 해본다. 하지만 굳이 밀어붙이지는 않는다. 타인에게 친절을 보내는 게 가능하려면 먼저 우리 자신의 분노와 원한의 문제부터 해결해야 한다(이 부분은 곧 다시 살펴보겠다).

처음에는 내면의 저항이 수없이 일어나는 등 불편함이 있을 것이다. 하지만 저항, 어색함, 의심 등등 무엇을 경험하든 계속할 가치는 충분하다. 가능하다면 매일 하기 바란다. 규칙적으로 할 때 친절 명상은 명상이라기보다 갱신에 가까워진다. 친절이 우리 자신, 타인, 인생에 대한 자연스러운 반응이 될 때 그렇다.

친절 명상이 집중력을 요구하므로 집중 명상을 할 때의 부산물인 고요한 마음에도 도달하게 될 것이다. 심장 중심으로 호흡해 들어갈 때는 중추신경계의 부교감신경을 활성화하므로 마음이 더 고요해진다.

그런데 나이 듦을 온전히 갱신을 위해 이용하려면 우리의 해묵은 자세와 행동들을 제대로 들여다봐야 한다. 특히 자연스러운 친절이 드러나지 못하게 막는 것들을 잘 살펴야 한다. 그 가장 큰 장애가 "화"이다. 나이를 먹으면 사람이 부드러워진다는 말이 있고 그런 사람도 분명히 있겠지만 그렇지 못한 사람도 많다. 호스피스 병동에서 수년을 자원봉사자로 일하면서 나는 마지막 숨을 거둘 때까지 분노와 원한을 기꺼이 가져가는 사람들을 많이 봐왔다. 하지만 나이 듦을 갱신의 시기로 삼으려면 화를 친절로 바꾸는 법을 배워야 한다.

타인을 공격할 때 우리는 그들이 한 일 혹은 하지 않은 일 때문에 우리가 화가 났다고 생각한다. 이 말은 이를테면 우리의 화를 정당화하기 위해 그들의 행동을 이용하는 것이다. 하지만 이때 우리는 중요한 점을 놓치고 있다. 바로 우리가 우리의 길에서 이탈했을 때만이 비난과 정당화에 사로잡히고 이것이 다시 분노와 원한에 불을 지른다는 사실 말이다. 인디언 주술사 블랙 엘크Black Elk는 "사람들은 자기 눈 안의 어둠 속에서 길을 잃는다"라고 했다.

화는 부분적으로 어느 정도 희생자로 살기를 "선택"했기 때문에 그리고 자신이 옳다고 주장하고 다른 사람을 눌러서 자신이 올라가기를 바라기 때문에 생기는 것이다. 이때 우리는 가슴에서, 사랑에서 그리고 우리 진정한 본성인 연결에서 떨어져 나간다. 우리를 길에서 이탈하게 만든 것은 타인의 어둠이 아니라 우리 자신의 어둠임을 인정해야 한다. 타인이 뭔가 졸렬한 혹은 잔인한 짓을 했다고 해도 물론 그 짓들은 어느 시점이 되면 반드시 추궁해야 할 수도 있지만, 그것이 결코 불친절 또는 분노를 돌려주는 우리의 행위를 정당화할 수는 없다. 이것은 받아들이기 어려울 수도 있지만 진정한 친절은 상대가 우리를 어떻게 대하든 그에 상관없이 보여주는 친절이다.

불친절한 대우를 받았다고 혹은 우리의 바람을 상대가 들어주지 않았다고 믿을 때, 친밀감이나 신뢰에 어려움을 겪거나 비판이나 거부에 대한 두려움이 생기고 인정받지 못하거나 통제당하고 있다고 느끼게 된다. 우리는 대부분의 시간 상대가 어때야 한다는 자신의 기대를 마치 진실인 양 믿는다. 우리는 사람들이 우리를 인정해 주고 구해주어야 한다고 기대하고 아니면 최소한 비판해서는 안 된다고 생각한다. 이때 우리는 거듭해서 실망할 수밖에 없다. 그리고 친절하게 살고자 하는 포부도 꺾일 수밖에 없다. 대안은 그런 실망을 거울로 삼고 내면에서 우리의 사랑을 가로막는 것이 무엇인지 인식하는 것이다.

화를 조절하고자 한다면 화를 둘러싼 그 모든 생각에 빠지는 대신 화가 부르는 몸의 느낌들에 주의를 집중해야 한다. 궁극적으로 그래야 사람들이 우리를 불친절하게 대할 때 그것이 그들의 행동이고 그들의 괴로움에서 나온 것이고 대체로 우리 자신과는 거의 상관이 없음을 볼 수 있다. 여전히 그들의 행동을 이용해 우리의 부정적인 반응을 정당화하고 싶을 수도 있지만 또 다른 선택도 분명히 가능하다. 즉 비난으로부터 고개를 돌리는 것을 선택할 수 있다. 그렇게 할 때 비로소 우리만의 화, 상처, 두려움을 보고 처리할 기회가 주어진다. 이것이 또 그 상대를 새롭게 보게 한다. 이제 우리는 그 상대를 너무도 인간적인 옷을 입은, 고통 속에 있는 또 다른 한 인간으로 볼 수 있다.

어쩌면 그가 우리를 괴롭히려 했던 것이 아니라는 것까지 이해할지도 모른다. 그는 단지 자신의 고통으로 인해 마음을 닫았던 것이다. 용서와 갱신에 이런 이해는 필수이다.

우리 자신에게 "그냥 나 같은 사람"이라고 말해 보는것도 이런 이해에 도달하는 데 도움이 될 수 있다. 다른 사람의 행동이나 성격을 평가하려 할 때 "그냥 나 같은 사람"이라고 말하며 자신이 (아주 다른 방식이긴 해도) 유사한 성격과 행동을 보일 때를 떠올린다면, 정도의 차이는 있겠지만 자신도 상대와 그다지 다르지 않음을 알 수 있다. 이때 평가하려는 마음이 수그러든다. 그리고 우리 자신의 고통스러운 경향을 보고 그 경향이 본질적으로 타인의 고통스러운 경향과 다르지 않음을 보게 된다. 이때 자신만의 괴로움이 아니라 타인의 괴로움도 알아차리므로 연민이 생긴다. 그런 의미에서 작가 줄리어스 레스터Julius Lester의 다음 해석은 높은 통찰력을 보여준다. "역사는 단지 사실과 사건의 종합이 아니다. 역사는 가슴 속 고통이기도 하다. 타인의 고통을 우리 가슴으로 느끼지 못한다면 고통의 역사는 계속될 것이다."

갱신의 시기 우리는 점점 모든 것이 상호연결되어 있음을 이해하므로 점점 더 타인의 고통에 공감하게 된다. 따라서 고통 속에 있는 사람들에게 안녕을 기원하고 싶은 충동이 자연스럽게 일어난다. 또 우리 자신에게 친절하려고 명상할 때 우주에 대한 약간의 친절도 덧붙이고 싶어진다. 별것 아닌 행위지만 그렇게 전 세계의 안녕에

공헌할 수 있다.

친절을 연습하고 계발할수록 가슴에서 우러나오는 행동을 자연스럽게 하게 된다. 그리고 뭐라고 말하고 어떻게 행동해야 할지 모를 일이 일어날 때 자신에게 결정적인 질문을 할 수 있다. "이 순간 친절과 사랑으로 산다는 것은 어떻게 산다는 걸까?"라고 말이다. 가슴 중심으로 숨을 불어넣으며 이 질문을 한다면 그 대답은 머리에서 나오는 것이 아니라 가슴에서 나온다. 그리고 바로 그 순간 아마도 우리는 우리의 진정한 본성인 사랑과 연결되고 사랑이 자연스럽게 흐를 수 있는 통로로서 기능하게 될 것이다. 우리의 진정한 본성인 친절에 가닿는 것이 주는 만족감을 경험하고 인생이 무엇을 펼쳐 보여주든 최선으로 친절하게 사는 것이 가장 자연스러운 반응임을 알기 시작할 것이다.

진실을 말하자면 영적인 길에 대단한 비밀 같은 것은 없다. 하지만 한 가지만 기억하기를 바란다. 무슨 일이 일어나든 그 일을 우리가 좋아하든 싫어하든, 중요한 것은 어떤 삶이든 바로 지금 있는 그대로의 삶을 보고 경험하는 것임을 말이다.

친절의 길에서 깨어날 때 우리는 바람직하지 않거나 나쁜 것으로 평가하는 우리 자신과 타인의 측면들을 더 이상 밀어제치지 않는다. 친절은 친절 그것으로 향하는 길을 가로막는 것처럼 보이는 바로 그것에 다정함을 보내라고 말한다. 그것에는 우리 자신의 평가와 실망도 포함된다. 우리의 생각과 느낌을 바꿀 필요는 없다. 단지 그것들을 알아차리고 느끼기만 하면 된다. 그것들을 알아차릴 때만 이 미숙한 행동을 삼가는 것이 가능해진다. 알아차림을 습관화하는 데는 시간이 걸리겠지만 알아차릴 때 치유된다. 이것이 자기 갱신의 길에서 가장 근본이 되는 원리이다.

감사

나에게 가장 중요한 것이 무엇인지 숙고할 때마다 나는 깨어난 가슴에서 우러나오는 친절과 감사의 마음으로 사는 법을 배우는 것이 가장 중요하다고 늘 다시 확신하게 된다.

진정으로 깨어나고 싶다면 안타깝게도 역경부터 경험해야 하는 것 같다. 소중하게 생각했던 것을 잃거나 안전하다고 생각했던 미래가 눈앞에서 무너지는 걸 봐야 한다. 바로 그래서 역경과 상실이 잦은 나이 듦의 과정이 우리에게 갱신의 기회를 계속 제공할 수 있는 것이다.

자기 갱신의 길을 가지 못하게 했던 과거의 습관과 자세가 무엇이었든 지금 중요한 것은 우리에게 남겨진 시간을 어떻게 쓰느냐이다. 무슨 일이 일어나든 그 일과 함께 존재할 때 우리는 그 자체로 소중한 삶을 사는 것이다. 이것은 우리의 보호, 우리의 가식, 우리의 불만, 우리의 안주 혹은 우리의 편협한 마음에 대한 집착을 끊어야 한다는 뜻이다. 현재에 존재하기를 충분히 오래 할 때 모든 경험의 그 실제 가치를 보게 되고 평소에 감사하는 마음이 들지 않던 것들을 포함해서 모든 것에 점점 더 감사하게 될 것이다. 모든 경험을 알아차리고 감사할 때 가장 어려운 상황들조차 우리 존재를 위한 자양분으로 바뀐다. 그러다 때가 되면 감사할 때 기분이 더 좋아지기도 할 것이다.

나이 듦에 감사할 수 있다는 말이 이상하게 들릴지도 모른다. 나이 듦이 고대할 것은 아니라고 생각하는 일반적인 문화를 생각하면 말이다. 육체가 조금씩 무너지고 힘과 체력과 기억력이 쇠퇴할 것임은 분명하다. 하지만 나이 듦을 무서운 것으로 보는 문화적 관점이 우리가 취할 수 있는 유일한 관점일까? **사실 온전히 살고자 한다면 나이 듦이 정말이지 유일한 선택지이다. 그리고 우리 몸이 잘못될 수 있는 (수천 가지에 달하는) 경우의 수를 고려하면 우리 몸과 마음에서 여전히 잘 작동하는 부분들에 감사하는 마음을 갖는 것이 그다지 큰 비약은 아닐 것이다. 우리 몸이 어느 정도 잘 작동해 주니까 남은 시간이 얼마나 소중한지도 알 수 있는 것이다.** 물론 통증과 고통과 상실감이 감사하는 마음을 능가하는 날도 있지만 여전히 그 중간중간 그렇지 않은 날 우리는 즐길 수 있는 인생의 요소들에 그것이 무엇이든 진정으로 감사하는 법을 배울 수 있다.

즐거운 경험을 함께했던 사람들을 생각하는 것도 일종의 감사하는 마음이다. 인생에서 도움을 준 사람이라면 더 말할 것도 없다. 자신에게 중요했던 사람과의 일을 생각하다 보면 그동안 연락하지 못했어도, 너무 늦기 전에 다시 만나고 싶을 수도 있다. 그 사람이 이미 죽었다고 해도 마음속으로 말을 걸어볼 수는 있다.

나는 대학을 다니면서 내 인생의 경로를 크게 바꾸어준 철학 교수님 한 분을 만났다. 그는 아마도 나를 기억하지 못할 테고 그가 나에게 그토록 긍정적인 영향을 주었다는 사실도 전혀 모르겠지만 대학을 졸업한 지 40년이 지난 어느 날 나는 그에게 감사의 편지를 쓰기로 했다. 나는 그가 어디에 있는지 심지어 아직 살아 계시는지도 몰랐는데 결국에는 그를 찾아냈고 마음에서 우러나오는 편지를 쓸 수 있었다. 놀랍게도 그가 답장을 보내왔고 너무 기쁘게도 "사랑을 담아서"라고 써주었다. 아주 개인적인 성향에 감정을 잘 표현하지 않는 사람이었으므로 나는 그가 "사랑"이라는 표현을 쓸 줄은 꿈에도 몰랐다. 그것은 나에게 굉장히 의미 있는 일이었고 그때부터 나는 타인에 대해 감사하는 마음을 훨씬 더 자유롭게 그리고 자연스럽게 표현할 수 있게 되었다.

반면 끝내지 못한 일이나 누군가에게 상처 준 일을 후회하게 될 수도 있다. 전화나 편지로 꼭 감사하는 마음만이 아니라 미안한 마음도 전달하고 싶다. 우리 가장 깊은 가치와 우리가 살고 싶은 방식에 가까이 갈 수 있는 일이라면 우리는 무슨 일이든 해야 한다.

앞에서 우리는 타인에 대한 평가를 그만두기 위해 "나와 같은 사람"이라고 말할 수 있음을 배웠다. 그런데 이 말은 우리 안의 가장 긍정적인 측면을 강화하기 위해서도 쓸 수 있다. 누군가 존경스러운 사람을 보거나 어떤 감탄할 만한 성격이 보일 때 "나와 같은 사람"이라고 말할 것을 기억할 수 있다면 우리도 우리 안에 그 똑같은 (하지만 아직 완전히 드러나지는 않은) 성격을 갖고 있음을 볼 수 있다. 자신의 긍정적인 성격은 간과하기 쉽다. 혹은 보고 싶지 않을 수도 있다. 하지만 자신에게 친절하고 감사하고 싶다면 습관적인 부정의 필터 없이 자신을 보고 평가하는 연습을 해야 한다.

우리에게 주어진 시간이 영원하지 않음을 깨달을 때 자연히 감사하고 감탄하는 마음이 깊어진다. 다음은 내가 좋아하는 화가 파울 클레의 말이다. 매우 깊고 통렬한 그림을 떠올리게 하므로 저절로 감탄하게 되는 말이다. "당신이 죽었다고 생각해 보세요. 그렇게 수년을 지구 밖에서 망명 상태로 보내는 겁니다. 그러다가 지구로 눈길 한 번은 줘도 된다는 허락을 받아요. 당신은 가로등을 하나 봅니다. 늙은 개가 그 기둥으로 와서 다리 한 짝을 올립니다. 이제 당신은 울컥 흐느끼지 않을 수 없을 겁니다."

매일 밤 나는 잠들기 전에 다음과 같은 감사 명상을 꼭 하려고 한다. 이 명상은 정신적·육체적으로 너무 피곤해지기 전, 매일 밤 같은 시간에 하기를 권한다.

밤마다 하는 감사 명상

긴장을 풀고 앉는다. 앉기가 힘들면 바닥에 등을 대고 두 손을 가슴 중심에 올리고 누워도 좋다. 눈은 감아도 되고 떠도 된다.

아침에 있었던 기억나는 일을 시작으로 그날 하루 있었던 주요 일들을 떠올려본다. 생각에 빠지거나 분석하거나 다른 일을 연상하거나 평가하지 않도록 조심한다.

이것은 단순한 검토이자 뒤늦은 관찰 같은 것이다. 실제로 일어난 사실들을 가능한 한 객관적으로 회상한다.

동시에 가슴 중심으로 들어가는 숨을 계속 알아차리면서 물리적 현존 속에 단단히 머문다. 이런 기반이 없다면 회상이 쉽게 너무 사변적으로 바뀔 수 있다. 정신적 활동 속에 붙잡히게 되면 다시 이 기반으로 돌아온다.

자신에게 묻는다. "오늘 나는 무엇에 가장 감사하지?"

낮 동안에는 감사하지 못했더라도 그날 정말 감사하다고 느끼는 크고 작은 일 최소한 세 가지를 생각해 본다.

그 각각에 대해 "그게 나는 참 감사하다"라고 생각한다.

잠시 감사할 게 얼마나 많은지 생각해 본다.

원한다면 노트를 하나 마련해 "감사 일기"를 써도 좋다. 매일 감사한 일 세 가지를 적는다. 그럼 매일 잊지 않고 더 진지하게 명상하게 될 것이다.

매일 밤 감사 명상을 하면 더 감사하게 되는 것은 물론이고 매일 더 감사할 것들을 찾게 되니 일상에도 긍정적인 영향을 준다. 일상에서 조그만 긍정적인 순간들은 심지어 인식조차 하지 못하고 넘어가기 쉬운데, 이제 명상을 통해 일상을 더 잘 알아차리게 될 테니 그런 순간들도 분명히 인식하고 따라서 감사가 점점 더 일상적인 반응이 될 것이다. 어쩌면 순간순간 "이거 정말 감사하군"이라고 말하고 싶어질지도 모른다.

감사를 숙고할 때 어느 불교 교사의 다음과 같은 가볍지만 흥미로운 말을 생각해 보는 것도 도움이 될 것 같다. "우리 일어서서 감사합시다. 오늘 많이 배우지 못했다면 최소한 조금은 배운 것이니까요. 그리고 조금도 배우지 못했다면 최소한 아프지는 않으니까요. 그리고 아프다면 최소한 죽은 건 아니니까요. 그러니 우리 모두 감사합시다."

친절과 감사의 마음을 계발하는 것은 남은 생을 갱신의 시기로 삼고자 한다면 매우 중요하다. 갱신은 하루아침에 일어나지 않는다. 분명 많은 날을 안주하는 삶에서 나와 외모, 안전, 세속적인 걱정 같은 우리가 염려하는 것들 대부분이 거의 중요하지 않음을 상기해야 할 것이다. 우리에게 시간이 영원하지 않음을 진정으로 이해하면 할수록 그만큼 우리에게 정말로 중요한 것과 연결된다. 그리고 그만큼 우리 시간과 에너지를 정말로 어디에 쓰고 싶은지 더 확실히 결정할 수 있다. 힘든 시기라도 정말 중요한 것을 잘하고 있다면 고요한 기쁨을 느낄 테고 그럼 살아볼 만하다고 느낄 것이다.

내 두꺼운 부정denial의 필터를 깨부수기가 나도 쉽지 않다. 다시 말해 인생이 무기한 계속될 거라는 가정을 버리기가 쉽지 않다. 내 인생이 틀림없이 끝날 거라는 사실을 분명히 이해한 날도 있다. 그러다 또 언제 어떻게 그랬는지도 모르게 해묵은 습관의 필터가 다시 가동된다. 하지만 나이 듦의 좋은 점 중 하나가 내 시간이 얼마 남지 않았음을 보여주는 일이 너무도 많다는 것이므로 나는 이제 그 반대를 믿는 척하기가 점점 더 어렵다.

진실로 이것은 정확하게 내가 바라던 바이다. 나는 내 시간이 얼마 남지 않았음을 자꾸 깨달으면서 내가 가장 소중하게 생각하는 것을 계속 분명히 볼 수 있기를 바란다. 나는 매일 많은 시간을 명상하고 숙고하는 것을 가장 중요하게 여긴다. 그리고 결코 사람들을 당연한 듯 여기지 않는다. 그리고 매일 친절을 계발하고 최대한 친절하게 사는 연습을 한다. 또 내가 받는 크고 작은 축복을 매일 인식하며 감사하는 마음을 계발한다.

내가 가장 중요하게 생각하는 이런 것들을 분명히 볼 때 나는 타인에게 더 진심으로 더 자유롭게 베풀 수 있고 모든 이의 안에 내재한 인간의 가치를 인식할 수 있고 결국은 중요하지 않은 문제들에 사로잡히지 않아도 된다. 내가 소중하게 생각하는 이런 것들을 위해 살 때 나는 모든 것에 "네"라고 말하는 법을 배우고 우리의 본성인 연결을 경험하고 우리 가장 진정한 존재 방식인 사랑을 더 많이 실천하라는 내 일생의 임무에 나 자신을 더 온전히 바칠 수 있다.

사람마다 가장 소중하게 생각하는 것이 다를 수 있다. 사랑하는 사람과의 깊은 소통이 가장 중요한 사람이 있고, 기꺼이 위험을 감수하는 것 혹은 두려움에 사로잡히지 않는 것이 가장 중요한 사람도 있다. 그리고 최대한 현재에 사는 것이 가장 중요한 사람도 있을 것이다. 나는 우리 모두를 위해 더욱더 친절, 감사, 사랑으로 사는 것도 사람들이 가장 소중하게 생각하는 것 중의 하나가 되기를 희망해 본다.

그런데 가장 소중한 것을 아무리 분명히 보았다고 해도 때로 그것이 또 흐릿해지고 심지어 완전히 사라져버리는 날도 있을 것이다. 그렇다고 우리가 실패했다거나 잘못된 길을 가고 있는 것은 아니다. 그것은 단지 나이 듦의 과정에서 우리가 여전히 초심자임을 의미할 뿐이다. 나는 이것을 거듭해서 배워야 했다.

그리고 모든 초심자가 그렇듯 우리는 자주 원점에서 다시 시작해야 할 것이다. 하지만 삶의 미스터리를 해결해 줄 혹은 우리의 고통과 어두운 밤들을 거두어줄 커다란 답은 없음을 지혜롭게 이해하고 편안해질 수는 있다. 나로서는 때로 멋지고 때로 어려운 이 여정이 사실은 그렇게 복잡하지 않음을 아는 것만으로 충분하다. 우리는 태어나 살다가 죽는다. 이것이 자연의 질서이다. 그리고 삶과 죽음 그 사이, 우리가 겪는 이 모든 투쟁과 고난을 포함한 다른 모든 것들도 자연 질서의 일부이다. 모두가 고통을 겪는다. 모두가 괴롭다. 그리고 모두가 죽을 것이다. 이것을 이해하지 못한다면 우리는 "그 사이의 것들"을 너무 심각하게 받아들이게 된다. 모든 사람에게 내가 바라는 것은 이것이다. 할 수 있는 한 최대한 친절과 사랑으로 살고자 할 것. 이것만을 정말로 심각하게 받아들일 것.

AGING for Beginners

나도 이 나이는 처음이라

초판 1쇄 발행　2023년 7월 24일

◉

지은이　　　 에즈라 베이다, 엘리자베스 해밀턴
옮긴이　　　 추미란

펴낸이　　　 오세룡
편집　　　　 정연주 여수령 허　승 손미숙 박성화 윤예지
기획　　　　 최은영 곽은영 최윤정
디자인　　　 고혜정 김효선 박소영 최지혜
홍보·마케팅　정성진

◉

펴낸곳　　　 담앤북스
　　　　　　 서울특별시 종로구 새문안로3길 23
　　　　　　 경희궁의 아침 4단지 805호
　　　　　　 대표전화 02)765-1250(편집부) 02)765-1251(영업부)
　　　　　　 전송 02)764-1251
　　　　　　 전자우편 dhamenbooks@naver.com

◉

출판등록 제300-2011-115호

◉

ISBN 979-11-6201-404-2 (03100)
정가 16,800원

◉